"十三五"国家重点图书出版规划项目
新型智慧城市研究与实践——BIM/CIM系列丛书

U0365651

新型

郑明媚　聂聪迪　主编

智慧城市

概　　　　论

中国城市出版社

图书在版编目（CIP）数据

新型智慧城市概论／郑明媚，聂聪迪主编. —北京：
中国城市出版社，2020.12
　　（新型智慧城市研究与实践：BIM/CIM系列丛书）
　　ISBN 978-7-5074-3326-5

　　Ⅰ.① 新… Ⅱ.① 郑… ② 聂… Ⅲ.① 现代化城市−
城市建设−研究 Ⅳ.① C912.81

中国版本图书馆CIP数据核字（2020）第245987号

　　本书是"新型智慧城市研究与实践——BIM/CIM系列丛书"中的一本。本书作者结合多年参与国家新型智慧城市政策研究、宣贯展示、样板建设、国际合作等方面工作实践，组织地方城市和企业机构共同编写，系统阐述了世界智慧城市发展总体概况、我国智慧城市发展演进全视角纵览以及中外先进城市实践经验做法。本书分为五篇17章，包括新型智慧城市内涵与现状、政策与趋势、未来应用与建设路径、中国智慧城市实践、欧洲智慧城市实践，融合了国内外智慧城市最新研究成果，在体系和内容上都有新的拓展，内容厚实，例证丰富，指导性强，是一部从事智慧城市理论与实践工作的参考指南。

责任编辑：王砾瑶　范业庶
版式设计：锋尚设计
责任校对：张　颖

新型智慧城市研究与实践——BIM/CIM系列丛书
新型智慧城市概论
郑明媚　聂聪迪　主编

*

中国城市出版社出版、发行（北京海淀三里河路9号）

各地新华书店、建筑书店经销

北京锋尚制版有限公司制版

北京雅昌艺术印刷有限公司印刷

*

开本：787毫米×960毫米　1/16　印张：13½　字数：232千字
2020年12月第一版　　2020年12月第一次印刷
定价：**99.00元**
ISBN 978-7-5074-3326-5
（904307）

丛书编审委员会

顾　问：褚君浩　郭仁忠　周成虎　孟建民　沈振江

主　任：尚春明　彭　明　沈元勤

副主任：郑明媚　聂聪迪　万碧玉　姜　栋　刘伊生

　　　　张　雷　刘　彪　张立杰　蒋瑾瑜　朱俊乐

　　　　张观宏　樊红缨

委　员（以姓氏笔画为序）：

　　　　马　蓉　朱　庆　吴晓敏　吴淑萍　张劲文　陈　炼

　　　　陈慧文　周　泓　郑从卓　赵蕃蕃　梁化康

组织编写单位：

中国城市出版社

深圳市斯维尔城市信息研究院

编写单位（以单位名义参编并提供相应支持）：

中国城市和小城镇改革发展中心

宁波市智慧城市规划标准发展研究院

德国弗莱堡市经济与公共事务国际管理咨询公司

中城智慧（北京）城市规划设计研究院

北京交通大学

同济大学

深圳市斯维尔科技股份有限公司

深圳清华大学研究院斯维尔城市信息研究中心

广东省BIM+CIM工程管理工程技术研究中心

本书编写委员会

顾　　问：周成虎

主　　编：郑明媚　聂聪迪

副 主 编：张劲文　赵蕃蕃　吴晓敏　郑从卓　蒋瑾瑜
　　　　　陈　炼

编　　委（以姓氏笔画为序）：
　　　　　于　俊　王　媛　王辰宇　王恺颖　尹天鹤
　　　　　冯　波　刘　超　刘　鹏　刘隽琦　江　波
　　　　　孙欢欢　李　凯　李　娜　李大牛　张　月
　　　　　陈　亮　胡佳艳　钱吉利　钱玲燕　高则海
　　　　　梅　正　梅　立　梁泽华　路　琨

主编单位：中国城市和小城镇改革发展中心
　　　　　宁波市智慧城市规划标准发展研究院
　　　　　德国弗莱堡市经济与公共事务国际管理咨询公司
　　　　　深圳清华大学研究院斯维尔城市信息研究中心

自2012年国家多部委开始开展智慧城市试点以来，历经数年发展，各地逐渐摸索出符合我国国情的智慧城市建设方案。随着智慧城市建设工作的不断推进，对协调融合、信息共享的需求为智慧城市的建设提出了更高要求，新型智慧城市这一概念逐渐出现在公众视野中。2015年，新型智慧城市被首次写入政府工作报告；2016年，国家"十三五"规划纲要明确提出"建设一批新型示范性智慧城市"；同年10月，中共中央总书记习近平在主持中央政治局集体学习时强调，"以推行电子政务、建设新型智慧城市等为抓手，以数据集中和共享为途径，建设全国一体化的国家大数据中心，推进技术融合、业务融合、数据融合，实现跨层级、跨地域、跨系统、跨部门、跨业务的协同管理和服务。"党的十九大报告也指出，要把我国建设成一个网络强国，推动数字中国进程，构建智慧社会。近年来，依托大数据和现代信息技术的发展，打造智慧城市，正成为各地政府的一致选择。

由于新型智慧城市对信息协同共享的高要求，亟须建立相应的信息化平台作为实现这一要求的技术基础。近年建筑信息模型（BIM）和城市信息模型（CIM）开始在学界和产业界发酵，被认为是解决多源数据融合问题的有力支撑。2018年11月住房城乡建设部《"多规合一"业务协同平台技术标准（征求意见稿）》中鼓励有条件的城市在BIM应用的基础上建立城市信息模型（CIM）；目前，已有北京城市副中心、广州、厦门、雄安新区以及南京被住房城乡建设部列入"运用建筑信息模型（BIM）进行工程项目审查审批和城市信息模型（CIM）平台建设"试点城市。

目前市场上关于智慧城市的书籍，多为顶层设计或智慧城市中某一具体领域的应用，尚未形成体系。基于此背景，中国城市出版社、深圳市斯维尔城市信息研究院合作组织了包括中国城市和小城镇改革发展中心、中城智慧（北京）城市规划设计研究院、同济大学、武汉大学、北京交通大学、西南交通大学等多家单位的专家和学者组成的编写团队，结合国内外智慧城市优秀案例，全面探讨和总结了新型智慧城市的提出和发展模式、资源与规划、设计与建造、运营与治理，并提出了对未来城市发展的展望。

　　本丛书于2019年增补为"十三五"国家重点图书出版规划项目，丛书共分为四个分册，包括：《新型智慧城市概论》《新型智慧城市资源与规划》《新型智慧城市设计与建造》《新型智慧城市运营与治理》。在丛书的编写过程中，正值新型冠状病毒肺炎疫情。疫情防控的经验告诉我们，"新型智慧城市"不只局限于城市建设，除了智能交通、智能生活、智能公共服务外，还包括城市管理、智慧社区、绿色低碳建筑、再生能源等各个方面。本丛书及时总结了突发公共卫生事件和新基建下新型智慧城市的发展方向和路径。相信本丛书的出版将对我国新型智慧城市的建设起到一定的引领和指导作用，同时为新型智慧城市研究人员与高校师生了解新型智慧城市建设内容及实际案例应用提供重要参考。

中国城市出版社

2020年12月

建设新型智慧城市，是新时代为了满足人民日益增长的美好生活的需要，是解决城市发展不平衡的矛盾的需要，是解决"城市病"的需要，是实现中华民族伟大复兴的中国梦的需要。

当前中国正处于城镇化的重要阶段，根据2017年有关统计数据，目前中国有30个城市的全域人口超过了800万，有13个城市的全域人口超过了1000万。各个城市经济发展不均衡，各个城市的自然条件、产业发展、工业化和城镇化水平、商业环境、人口结构等情况各不相同，各大城市面临的问题也各不一样。

城镇化不仅是中国也是当今世界上最重要的社会、经济现象之一。21世纪初，全球人口的半数以上生活在城市地区，并且这种趋势仍在加剧，每年有超过6000万人涌入城市。现在，城镇化的步伐还在加快，随之而来的是大都市和城市群，这在人口密集的亚洲表现得尤为明显。根据联合国的预测，全世界358个百万人口城市中的153个出现在亚洲；27个人口超过千万的"超级城市"中有15个在亚洲。作为全球人口最多的国家，中国在城镇化过程中衍生出人口超千万的超大城市是必然的，很多问题也随之而来。

城镇化进程中涌现出了各种"城市病"，例如异常脆弱的基础设施、日益加剧的交通拥堵、不断恶化的生态环境、进城务工人员的蜗居生活……这些都是在城镇人口快速增长过程中出现的问题。

那些人口超千万的超大城市面临的问题尤为严峻，这些问题主要集中在以下几个方面：第一，当前超大城市地面沉降问题日益凸显。中国现在有超过50个城市发生地面沉降，地面沉降是一种严重的自然灾害，会危及城市基础设施的安全。第二，极端条件环境下城市灾害频发。超大城市的发展改变了土地利用性质，当城市不透水面占75%以上后，55%的降水需要靠地表径流来排，不透水层变化从根本上改变了降水再分配。由此带来的影响涉及城市建筑安全、城市生活，也影响城市的正常功能。近年来特大暴雨频发，如2016年汛期的武汉，24小时降雨达到550毫米。灾害频发给老百姓的生活带来很多不便，甚至会危及生命，对城市的经济也造成了巨大的损失。第三，交通拥堵问题突出。目前，国内外城市（特别是超大城市）普遍存在高峰期交通拥堵、停车难、公共交通出行难、交通管理难等问题，城市交通发展面临着交通安全和通行效率的双重挑战。第四，城市能源问题。大城市现有能源系统也面临着挑战，绿色能源生产不可持续，能源使用效率低。

上述这些"城市病"需要通过智慧城市来解决。智慧城市在实现经济转型发展、城市智慧管理和对广大工作和生活在城市的居民的智能服务方面具有广阔的前景，从而使得人与自然更加协调发展。

智慧城市要掌握三大技术，有这三大技术才能构成智慧城市。

第一个技术是"数字城市"空间信息技术，就是把物理空间城市所有相关的空间数据和非空间数据等全部数字化，将它们呈现在网络空间。中国的数字城市要从二维到三维、从室外到室内、从地上到地下，即三维GIS+BIM。

第二个技术是物联网（IoT）技术，通过无所不在的传感器网实现人与人、人与机器、机器与机器的互联互通，让在城市内外流动的人、车、物上网。物联网技术可以实现数字城市与现实城市的动态信息交换。BIM+3D GIS+IoT构成城市信息模型。

第三个技术是云计算。无处不在的、分布在城市中的大量各种类型的传感器不停地产生大量数据，通过物联网传输数据，但它们不能存储、处理和分析数据，所以需要无处不在的、社会化、集约化、专业化的动态可伸缩虚拟化的云计算和边缘计算来实现信息处理和智能服务。

简言之，城市具有生存繁衍、经济发展、社会交往、文化享受四大职能。智慧城市是城市职能的智能化延伸和发展，如实现智慧安防、智慧制造、智慧交通、智慧教育等，就是在上述四个方面保障城市"善政、促产、利民"。

习近平总书记在十九大报告中指出："以信息化推进国家治理体系和治理能力现代化，统筹发展电子政务，构建一体化在线服务平台，分级分类推进新型智慧城市建设，打通信息壁垒，构建全国信息资源共享体系，更好地用信息化手段感知社会态势、畅通沟通渠道、辅助科学决策。"2020年4月4日习近平总书记在杭州城市大脑运营指挥中心进一步指出："让城市更聪明一些、更智慧一些，是推动城市治理体系和治理能力现代化的必由之路，前景广阔。"习总书记的指示为我国新型智慧城市的建设指明了方向。

非常高兴看到"新型智慧城市研究与实践——BIM/CIM系列丛书"的策划与出版，本丛书由四册组成，第一分册《新型智慧城市概论》，在整体上介绍了新型智慧城市的发展历史，新型智慧城市的一些主要概念，以及国内外智慧城市的建设情况。第二分册《新型智慧城市资源与规划》，结合目前国内外智慧城市建设规划发展经验，对大数据时代下的新型智慧城市规划建设及相关的标准技术进行了梳理和总结。第三分册《新型智慧城市设计与建造》，聚焦新型智慧城市的设计与建设环节，通过吸收大量有关新型智慧城市的最新理论、政策与实践，力求建立相对完善的新型智慧城市设计、建造理论和应用框架体系。第四分册《新型智慧城市运营与治理》，在综合性分析与评估国内外智慧城市运营和治理方面的学术成果和发展成就的基础上，梳理与引导我国新型智慧城市建立运营生态体系和持续治理体系，完善生产生活、共享共治、维护正常的功能和秩序的过程，实现新型智慧城市对公共利益的保护，围绕提升新型智慧城市运营和治理能力的模式，利用大数据等作为先进技术范式来推动城市运营和治理能力的优化。

本丛书每分册均以BIM、GIS、CIM、物联网、大数据、5G等现代信息化技术应用为主线，对智慧城市不同阶段的建设内容、实施路径以及国内外实际应用案例进行了系统总结和分析。本丛书理论与实践相结合，覆盖面广，结构完整，内容翔实。对于国内外学者、研究及教学人员系统了解新型智慧城市建设内容及实际案例应用具有重要参考价值。

本丛书的出版，将填补新型智慧城市在规划、设计、建设、运营等方面体系化研究的空白，对总结新型智慧城市的实践经验，丰富新型智慧城市的内涵，发展具有中国特色新型智慧城市的理念，具有重要的学术价值，在我国建设国际一流的新型智慧城市方面具有引领与指导作用。

李德仁

中国科学院院士、中国工程院院士

武汉大学教授、博士生导师

2020年7月8日于武汉

前言

当前，新一代信息技术与经济社会深度交融，正引领全球新一轮科技革命和产业革命，其速度、广度、深度前所未有。大数据技术和人工智能应用创新正在创造新产业、新业态、新模式，信息技术、智能技术等各类新兴技术广泛渗透到城市建设管理各个领域，正以惊人的速度影响着人类的生活和社会变革，掀起新一轮智慧城市发展新风潮，全国进入新型智慧城市建设阶段。2020年3月，习近平总书记在浙江考察时强调："运用大数据、云计算、区块链、人工智能等前沿技术推动城市管理手段、管理模式、管理理念创新，从数字化到智能化再到智慧化，让城市更聪明一些、更智慧一些，是推动城市治理体系和治理能力现代化的必由之路，前景广阔"。如何让城市更智慧一些，是未来城市治理现代化的一个重要课题，更是新型智慧城市发展的重要使命。

《新型智慧城市概论》结合新阶段国内外发展形势的深刻变化，以"建设人民的智慧城市"为指引，以全球视野和战略眼光，立足发展大局，进行全面深入系统的研究，理清发展脉络、认识发展规律、把握前进方向、指导工作实践，为中国新型智慧城市的"高质量发展"与"高水平建设"提供参考依据和关键路径。开展智慧城市案例研究，从实践的角度洞察智慧城市发展脉络，探索智慧城市可持续发展之路是非常必要的。全书共分为新型智慧城市内涵与现状、政策与趋势、未来应用与建设路径、中国智慧城市实践、欧洲智慧城市实践五个篇章，试图厘清中国智慧城市发展的内涵和实践之道，为中国乃至其他国家的城市提供参考。

第一篇新型智慧城市内涵与现状。本篇通过全景式阐释新型智慧城市"为什么、是什么、干什么"，从全球高度和历史纵深，来把握和解析新型智慧城市的发展历程、丰富内涵、建设重点和成功经验，为读者系统立体呈现新型智慧城市演进发展之路。

第二篇政策与趋势。本篇主要从政策要求、趋势展望、投融资与运营等多方面，对我国新型智慧城市宏观政策、主要特征和发展趋势进行总结分析，深入梳理研究在国家相关政策部署下主管部门、地方政府、市场主体等取得卓有成效的工作探索以及为推动更高质量更有效率发展所做的前瞻布局。

第三篇未来应用与建设路径。本篇第6章重点关注新型基础设施及其主要技术，分析新基建在新型智慧城市领域的典型应用场景；第7章介绍政务数据的开放与共享，政务数据作为重要的数据资源，其开放共享对未来新型智慧城市数据融合、系统融合、应用融合起到重要支撑作用；第8章围绕智慧产业展开，重点介绍云计算、大数据、智能制造等产业领域发展情况。

第四篇中国智慧城市实践。本篇以深圳、上海、宁波、杭州、贵阳及宁波海曙区、北京东城区、苏州昆山市、湖州德清县9个城市和区县为蓝本，通过实地调研、文献研究等形式，全面梳理了各城市CIM与智慧城市的结合发展过程，系统总结了CIM在智慧城市中的主要发展方向与技术实现方式，并从交通管理、公共安全、时空信息、城市管理、应急管理等多个维度介绍了CIM的典型做法与应用成效，希望能为开展CIM相关研究提供重要参考。

第五篇欧洲智慧城市实践。本篇整体介绍了欧洲推动智慧城市的核心举措、落地路径、技术创新和市场发展情况等，选择了德国柏林、英国布里斯托、奥地利维也纳、法国里昂等城市，分别从城市概况、智慧城市战略、智慧城市发展经验等方面介绍了各城市的典型做法和经验，为读者提供欧洲智慧城市建设的全面认识与经验借鉴。

《新型智慧城市概论》应该是面向大众的读物，是一本集理论、方法学和实践总结于一体的书。但是目前新型智慧城市理论基础相对薄弱，许多关于城市科学的理论和方法尚在探索当中，我们更希望把本书定为新型智慧城市进展报告。新型智慧城市是中国发展新型城市的重要方向，随着新技术的不断涌现，新型智慧城市的理念、应用和模式也会不断更新，这本书是新型智慧城市发展在当前阶段的总结概述，具有阶段性的特点。新型智慧城市更是城市发展的一个过程，需要大部分市民参与到智慧城市运营当中来，大数据能够驱动各项应用在城市治理中发挥作用，智慧城市才算真正建成，然而这个过程可能是漫长的。《新型智慧城市概论》这本书也可能需要一个更长的过程，为完成本书的撰写，我们梳理了近10年的新型智慧城市进展情况，我更希望未来再用5—10年的时间探索新型智慧城市的理论和方法，届时可能才算真正完成概论的任务，我们对这项工作充满期待。

感谢顾问周成虎院士的悉心指导，感谢深圳清华大学研究院斯维尔城市信息研究中心，感谢编写团队的竭尽全力。由于能力有限，书中不当之处请读者指正，如有观点不妥，或者有其他认知上的不足，责任皆在本人。请读者不吝赐教。

郑明媚

2020年12月13日于北京

目录

第二篇 政策与趋势

第4章 新型智慧城市的政策要求 ………………………………… 22

第5章 新型智慧城市的趋势展望 ………………………………… 35

第三篇　未来应用与建设路径

第四篇　中国智慧城市实践

第五篇　欧洲智慧城市实践

第一篇

新型智慧城市内涵与现状

- 智慧城市的由来
- 为何是新型智慧城市
- 新型智慧城市发展现状

第1章 智慧城市的由来

本章主要从全球高度和历史纵深，来把握和解析世界范围内智慧城市衍生背景、发展演进、丰富内涵，系统、立体呈现智慧城市总体概况。

1.1 概述

随着人类社会不断进步，城市人口不断提升，为有效解决城市发展中的难题，智慧城市已成为当今建设发展的重要趋势之一，智慧城市建设已在全球范围内展开探索和实践。

整体来看，全球智慧城市的建设与各地经济发展程度呈正相关的关系，欧美、亚洲等发达国家的智慧城市发展进程相对较快，如美国、英国、法国、日本、新加坡等，发达国家城市化发展较早、面临的城市危机相对较多，而信息技术水平相对较高，发展理念和发展模式较为先进，基础设施建设也相对完善，在智慧城市发展的各个领域居于领先位置。我国智慧城市经过探索、推进、建设、升级的发展进程，在"创新、协调、绿色、开放、共享"发展理念的指导下，在"互联网+"行动计划的实施和"数字中国"建设的支持下，各领域建设已取得重要进展。

各国建设智慧城市的出发点迥然不同，每个地区都有自己的发展起源、方式和内涵。如从技术角度出发，智慧城市主要是将网络技术、信息技术等一系列新兴技术应用到城市的管理、服务等领域，促进城市发展；从应用角度出发，智慧城市主要强调以技术为基础解决城市核心问题，为市民提供更加便捷的服务。无论从哪种角度来建设智慧城市，都可将其归纳为：以人为中心、促进城市可持续发展、提升城市竞争力，利用新兴技术、信息化手段提升城市运营效率，完善基础设施建设，形成广域覆盖的网络，并将城市环境、交通、人流、资源等各领域信息收集起来，经城市开放数据平台处理分析后，对城市管理者或城市居民免费开放，辅助政府进行社会管理和提供服务，为城市居民和企业提供信息应用平台。

1.2　世界智慧城市发展现状

近年来，在新一代信息科技的推动下，世界各国智慧城市建设不断取得积极进展，以下将从发展理念、发展模式和技术应用三个方面来介绍当前基本情况。

1.2.1　发展理念

欧洲智慧城市发展注重以人为本的核心要素，通过打造环境优越的宜居城市，提升城市居民的生活体验。此外，欧洲各城市在发展智慧城市的过程中，始终强调环境保护的理念，以可持续发展为原则，推动城市可持续发展。由此可见，欧洲智慧城市建设更加偏向改善生活质量和生活环境，实现环境保护、生活便利、经济增长的发展目标。最后，欧洲各城市的智慧建设会根据城市自身所面临的挑战，解决城市当下和未来所面临的问题。

美国则注重高科技及网络发展，通过与企业合作强化城市服务、出行生态、对旧物进行系统改造，进而提升城市基础设施和能源利用。

亚洲各国积极探索智慧城市发展，争创国际标准和先进水平。中国智慧城市发展理念更注重宏观层面，以加强城市监管、完成信息化基础设施建设、增进国际交流等为落脚点。

1.2.2　发展模式

欧洲地区智慧城市发展是一种混合型模式，既包括自下而上的推进模式，也包括自上而下的监管和支持。根据不同的项目实施不同的发展模式，欧洲智慧城市发展的资金模式主要包括以下几种：第一，以PPP投资模式为主，通常企业会对相关项目进行投资建设；第二，以政府科研投资为主的科研项目；第三，企业之间的跨行业投资；第四，国际的协同投资，很多项目在整个欧盟范围内展开，不同国家之间协同投资。城市智慧化项目投资经费主要依靠公共财政，公共财政经费投资项目必须符合严格的决策程序，经费的支出必须经过严格的监管程序，该程序会导致项目建设缓慢，但却提升了规避风险的能力。

美国发展模式主要体现在政府与企业之间的合作，通过政企合作发展智慧城市。美国政府在发挥其主导作用的同时，通过高新技术企业为智慧城市建设提供核心力量保障，利用政企合作的模式促进智慧城市产业发展，衍生大量优质企业，这些企业掌握大量可推动智慧城市发展的技术，最终形成政府、企业和科研机构多方共同建设智慧城市的模式。

亚洲智慧城市运营模式可分为五类。第一种模式主要是依靠政府来投资运营智慧城市建设，包括对城市的前期投资建设和后期的运营维护；第二种模式是政府进行投资建设，委托运营商为其城市后期的运营进行管理；第三种模式为政府和运营商共同投资建设运营，双方共同推动城市建设发展；第四种模式是城市规划建设由政府来牵头完成，但是运营商要完成城市建设和运营的全过程，政府主要发挥引导作用；第五种模式是政府提供基础设施建设，运营商独立完成投资建设和运营。中国智慧城市建设大多数是自上而下、以政策激励为主，打造政府主导下的多元合作模式。

1.2.3　技术应用

欧洲智慧城市在交通、环境、能源等方面均有较好的发展，同时重视基础设施建设和城市数据分析利用。从应用的总体结构来看，欧洲智慧城市建设的应用框架主要由社会、环境和经济三部分组成。社会方面主要强调以人为本，政府联合企业为城市居民提供各种便利应用服务，包括交通、教育、医疗、安全等方面，提升人民的生活质量，体现对人文的关怀。环境方面注重可持续发展和城市居民的宜居性，通过节能减排、生态可持续、绿色环保等方面的应用，建设适宜的自然环境。经济方面注重持续增长，通过技术创新推动经济增长，利用新兴技术的发展，提高人们的就业率。

美国政府更加注重对新兴技术产业的研发，希望通过对网络和信息技术的发展，为城市提供更加良好的服务，改善城市交通拥堵现状，为智慧城市发展提供各领域解决方案。利用技术创新实现对城市基础设施的监测和感知，实现城市智能化管理运营，为城市管理者提供更多的决策信息。

亚洲地区技术主要应用在能源、环境、城市安全、健康养老、数据开放安全等领域。中国引进国外先进技术的同时，鼓励自主创新，研发具备核心掌控力的智慧城市平台及应用。

第2章 为何是新型智慧城市

2008年IBM提出了"智慧地球"的概念以后，中国许多城市和企业开始积极响应，率先在全世界范围内掀起建设智慧城市的浪潮。伴随着世界智慧城市建设进程，中国积极探索在城市治理、民生保障、产业经济等各方面应用现代信息技术，开发利用信息资源，加快推进智慧城市建设。到2015年，中国智慧城市建设已取得积极成效，但也暴露出体制机制创新滞后、数据整合面临瓶颈、信息安全存在隐患等问题和风险，面对全球新一代信息技术快速发展，国家提出要用新思路、新方式、新手段来推动我国智慧城市新的发展。

2.1 新型智慧城市的提出

2015年国家首次提出了"新型智慧城市"概念。新型智慧城市是智慧城市的新阶段，是现代信息技术和城市发展深度融合的产物，是立足于我国信息化和新型城镇化发展实际而提出的一种智慧城市中国化概念表述。与传统智慧城市相比，新型智慧城市体现显著的独特性和差异性。

2.1.1 把握五个"新"

（1）新目标：以城乡一体、人与自然协调发展为新型智慧城市的长远目标。新型智慧城市聚焦公共服务与社会治理两大主要目标，从时序上讲是明确近期目标重点，从内涵上讲是解决人与人、人与社会之间的协调和谐发展。

（2）新思路：以"创新一体化机制"为推进新型智慧城市建设的基本思路。传统的智慧城市建设强调创新，着力点首先强调的是技术创新，研究的是如何应用新技术，但是这个"创新"缺乏创新环境和创新动力。新型智慧城市建设的根本思路就是以创新体制机制为着力点，构建"一体化的在线服务平台""一体化国家大数据中心"，以适应技术创新成果应用。

（3）新内涵：以人民为中心作为新型智慧城市建设的基本内涵。在新型智慧城市建设中，无论选择哪个作为切入点和着力点，诸如"互联网+政务服务"、社会治理能力现代化、智慧产业发展等，都必须把以人民为中心作为基本的出发点和落脚点，都要最终体现在民生上，让人民有获得感。

（4）新原则：以信息数据等社会资源"开放共享"为基本原则。传统智慧城市建设中遇到的最大的难题就是信息壁垒，新型智慧城市之所以新，就是要打破壁垒，实现最大限度的资源开放共享。

（5）新方法：以"分级分类"推进新型智慧城市建设为基本方法。2016年4月19日，习近平总书记在全国网络安全和信息化工作座谈会上指出"分级分类推进新型智慧城市建设"。分级分类已成为国家推进新型智慧城市建设的重要方向。充分尊重每个城市的规划定位、自然环境、发展水平、人口规模、区位特点等，因地制宜、找准定位、制定合适的路线图，以分级分类的方法，从城市发展战略全局出发，区分轻重缓急，制定新型智慧城市个性化的发展路径。分级分类推进新型智慧城市建设，是对传统智慧城市"各自为政、无序展开"状况的一大改变，明确了国家部委、省、市、县各自在智慧城市建设中所扮演的角色和应该履行的职责，共同推进新型智慧城市建设。

2.1.2 突出三大差异

我国新型智慧城市较传统意义上的智慧城市存在三方面显著差异：

一是传统意义上的智慧城市大多侧重技术层面，如基础网络、感知设备、云计算设施、共性平台及基础信息资源等，而新型智慧城市更强调通过体系规划、信息主导，推进新一代信息技术与城市现代化深度融合和迭代演进，从而提升政府、社会治理体系和治理能力，更好地为人民服务。

二是相比传统智慧城市强调通过各类信息技术与城市管理、民生服务和产业发展等领域的融合应用，提升城市各部门的信息化建设。新型智慧城市强调在原有信息化建设基础上，突出"数据驱动"，强化城市各类信息的共享、城市大数据的挖掘和利用以及城市安全的构建和保障。

三是城市的发展最终是为"人"服务，根本上是促进人在城市中更好地生活和发展。因此，新型智慧城市也从过去以"信息技术"为出发点回到"人"这一最根本的出发点和落脚点，关注城市未来长远、可持续发展的需求，以人为本，强调提升"惠民便民"的公众服务能力，提倡城乡一体、人与自然协调发展。

2.2 新型智慧城市建设重点

按照党中央、国务院的重大决策部署，全国各地扎实推进新型智慧城市建设，开展了大量卓有成效的实践。从全国各地推进实践看，新型智慧城市重点建设内容主要集中在惠民服务、城市治理、产业经济、宜居环境、基础设施、运行体系、体制机制、信息资源八个方面。

2.2.1 无处不在的惠民服务

以"关注民生、保障民生、改善民生"为宗旨，聚焦服务对象的感受和体验，简化、优化公共服务流程，提升公共服务能力和群众满意度，为公众提供均等的、便捷的、个性化的、主动的服务。2017年10月，党的十九大报告指出："要抓住人民最关心最直接最现实的利益问题，既尽力而为，又量力而行，一件事情接着一件事情办，一年接着一年干。坚持人人尽责、人人享有，坚守底线、突出重点、完善制度、引导预期，完善公共服务体系，保障群众基本生活，不断满足人民日益增长的美好生活需要，不断促进社会公平正义，形成有效的社会治理、良好的社会秩序，使人民获得感、幸福感、安全感更加充实、更有保障、更可持续。"新型智慧城市与传统智慧城市相比，更为强调以人为本的理念，强调以人民群众的真正需求、真实困难为导向建设新型智慧城市，使人民群众的获得感得到显著提升。《新型智慧城市评价指标（2016）》就设置了惠民服务、精准治理、生态宜居3个成效类指标，同时突出了市民体验的调查，旨在客观反映新型智慧城市围绕着城市中人、服务、治理的智能化水平和质量，从而让新型智慧城市建设的成果普及民众，不断增强人民群众的获得感、幸福感和安全感。

2.2.2　精准精细的城市治理

全面、准确、实时地感知城市态势，实现包括横向和纵向在内的跨部门、跨层级工作的协同；丰富社会参与城市治理的渠道，形成"全民共建、共享的社会治理格局"。2017年全国两会上，习近平总书记提出了"城市管理应该像绣花一样精细"的总体要求。新型智慧城市的建设，通过综合应用现代管理理论和大数据、物联网、云计算等新兴技术，实现城市政府、企业、社会组织、居民多主体共同参与城市治理，向城市治理精细化转型。同时，通过城市管理流程优化，实现城市"全行业覆盖、全时空监控、全流程控制、全手段运用"的高效能管理。统一管理标准的制定和实施，实现推动粗放式、人为化评价走向集约化、定量化评价的精细化管理。如，杭州通过"城市大脑"的建设，可以实现多部门数据在后台的互联互通、有机整合与共享，消除信息孤岛，让普通百姓和市场主体通过一个窗口实现全城通办、全程办理，真正实现"让数据多跑路、群众少跑腿"的目标。

2.2.3　融合创新的产业经济

构建充满活力、开放、包容的城市创新环境，促进城市中各主体积极参与技术、体制机制、建设模式等方面的探索与创新，催生新产业、新业态诞生，为经济发展提供源源不断的新动力。新型智慧城市强调城市产业的优化升级，即通过信息技术在生产领域的应用，提高信息化对经济发展的贡献率，转变经济增长方式和结构。首先，智慧城市本身需要大量信息化技术和产业的支撑，其与信息产业和信息服务业相互之间的良性促进，有助于激发地方城市产业经济，比如贵阳将大数据、云服务和智能终端等智慧产业作为城市核心战略之一，着力打造中国"数谷"。其次，智慧城市有助于发展智慧制造业，有助于传统产业的转型升级，提升生产效率并降低生产成本，比如广州市大力推进智能制造装备产业。最后，借助"互联网+"的手段，将互联网的创新成果深度融合于社会经济领域之中，促进创新产业的发展，如乌镇全力打造"互联网小镇"，鼓励"互联网+"各类产业的创新活动。

2.2.4　低碳绿色的宜居环境

打造绿色、宜居的生活环境，促进经济与生态环境协调发展，加强城市居住功能（教育、医疗、交通、住宅、环境等）与产业经济发展的同步规划，实现"以产促城，以城兴产，产城融合"的可持续性发展态势。《国家新型城镇化规划（2014—2020年）》明确将绿色低碳城市和智慧城市建设作为重要目标，同时随着国家大力推进"美丽中国"建设，在新型智慧城市发展的进程中低碳与智慧密不可分。近年来，能源节约、绿色可持续发展成为全球共同探讨的热门话题。新型智慧城市将在绿色建筑、绿色能源、环境保护、污染处理、资源保护、可再生能源利用、循环经济方面得到充分挖掘和实施，降低城市能耗、提高城市能效将成为未来新型智慧城市共性的、确定性的重要目标。2018年4月，《河北雄安新区规划纲要》提出"同步规划建设数字城市，筑牢绿色智慧城市基础。"

2.2.5　智能集约的基础设施

在能源、交通、建筑、环境监测等领域构建起智能化基础设施网络，实现精准监测、智能控制、运营优化。统筹规划、集约化建设各级各类IT基础设施资源和数据资源，实现IT基础设施和数据资源的平台化供给。伴随着"宽带中国"战略的落实，我国宽带网络覆盖范围不断扩大，传输和接入能力不断增强，无线通信网络覆盖率显著提升，三网融合取得显著进展，为智慧城市建设奠定了坚实的基础。一是电信运营商积极落实宽带提速降费，自2015年提速降费3年以来，国内宽带用户的单价下降90%，移动通信客户的单价下降83.5%，其余的速率都实施了不同程度的提速不提价。二是固定网络加速向光纤宽带升级，根据CNNIC数据，截至 2018年6月，中国国际出口带宽为8826302Mbps。三是建成全球最大的4G移动通信网络，截至2017年年末，我国4G用户近10亿户，渗透率达70%，超过发达国家平均水平。四是Wi-Fi成为智慧城市重点基础项目，北京、上海、杭州、南京、广州、贵阳等大力建设城市免费Wi-Fi，医院、车站、机场、景区、酒店等场所免费Wi-Fi成为重点建设项目。

2.2.6　安全可靠的运行体系

新型智慧城市以体制机制改革和政策制度创新为动力，以解决智慧城市发展中的瓶颈制约和突出问题为抓手，以信息惠民为核心，强调建设成效。其本质是全心全意为人民服务，通过体系规划、信息主导、改革创新，推进新一代信息技术与城市现代化深度融合、迭代演进，构建智慧型城市运行生态系统和城市产业生态系统，实现城市可持续发展。针对城市关键基础设施、重要平台和信息系统等重点领域提供全天候、全方位的安全保障。通过技术防护、法律法规、管理制度、安全教育等多种方式，保障城市基础设施、网络、数据、行为等方面的安全可控，实现城市网络空间清朗、城市安全可靠运行。

2.2.7　持续创新的体制机制

注重科技创新与体制机制创新相结合，通过在行政体制、统筹机制、管理机制、运营机制、城市治理模式等方面的不断探索与创新，提高政府的治理能力和治理水平。当前新型智慧城市建设如火如荼，但同时也面临着资金和运营难题，在金融渠道、融资途径、资金管理、运营持续、运行高效等方面存在问题。自2014年以来，财政部、国家发展改革委等相关部委密集出台《关于推广运用政府和社会资本合作模式有关问题的通知》等一系列政策文件，大力推广公私合作模式（即PPP模式）。以PPP模式为契机，智慧城市的建设开始走向全社会参与共建的阶段。一方面，通过PPP模式，政府和社会资本形成合作伙伴关系，构建良好的政企协同关系，以政府管理服务为主，企业进行灵活的市场运作，形成新型智慧市全生命周期持续发展的动力和能力；另一方面，以PPP模式推进智慧城市建设，已经从国家到地方都得到了认可和实践。据统计显示，40%的智慧城市试点省份明确要推行PPP智慧城市建设模式，近50个试点城市已明确了具体的PPP投资项目。

2.2.8　共享开放的信息资源

以政府开放数据为基础，逐步汇聚企业、互联网以及城市物联网数据，在保障安全的前提下建设城市数据开放平台，实现数据安全开放、可信共享，促进跨部门协同和数字经济发展。新型智慧城市的建设带来城市监控视频、地理信息、交通数据、人口数据以及环境监测数据等各行业数据爆发式增长。对城市大数据进行分类、重组分析、再利用等一系列智慧化处理后，其结果将作用于智慧城市的各个方面，从政府决策与服务，到人们衣食住行的生活方式，再到城市的产业布局和规划等，大数据为智慧城市提供智慧引擎。同时，数据已经成为生产资料和孕育新经济、新业态的"土壤"及新型智慧城市的重要元素，正创造出新应用场景、新运行模式、新发展业态，满足当前变化更快、要求更高、形态更多的社会需求。伴随着"数据资源化"的深入发展，"数据商品化"也快速发展，"人人使用并受益于数据，人人产生并贡献数据"的数据生态已经开始形成，数据社会化图景在现实中已越来越清晰。

第3章　新型智慧城市发展现状

按照分级分类、标杆引领、标准统筹、改革创新、安全护航的总原则，国家各有关部门协同推进新型智慧城市各方面工作，地方城市持续不断加大重点建设领域创新探索，我国新型智慧城市建设取得积极成效，在多个方面形成值得总结的经验做法。

3.1　新型智慧城市发展总体情况

近年来，我国众多城市把建设新型智慧城市作为城市转型发展的战略选择。新型智慧城市建设发展迅猛，总体上呈现如下特点：

（1）我国新型智慧城市建设整体处于起步规划时期，建设智慧城市的共识已经达成，目标也非常明确，试点不断扩大，建设方式各有侧重，路径仍在不断探索修正中，成效初步体现。但目前绝大部分城市还没有完全找到和建立符合自身发展的机制体系和运营模式。

（2）我国智慧城市的建设推进工作基本都是自上而下开展，以政策激励为主，主要资金来源仍是政府投资。当前，许多城市已建立推进新型智慧城市建设的工作机制，国内有41%的城市设立了智慧城市建设领导小组，对各地新型智慧城市建设起到了积极的推进作用，但相关的体制机制还有待进一步完善。部分城市已有较好的实践经验，例如深圳组建新型智慧城市建设领导小组，第一次会议审议并原则通过深圳市新型智慧城市建设领导小组工作规则及专责工作组和专家委员会工作方案、《深圳市新型智慧城市建设工作方案（2016—2020年）》《深圳市新型智慧城市顶层设计方案》。在领导小组的统一领导下，深圳市经贸信息委承担牵头职责，建立健全市、区、部门联动协调衔接机制，按照统分结合一体化的建设模式全面推进。

（3）国内智慧城市建设推进仍处于相对自由的阶段。政府相关政策多为技术创新发展规划和综合型城市、区域发展纲要，其中以地方发布智慧城市建设政策和规划为主，国家层面对于智慧城市建设相关的各类标准规范及相关政策仍处于初期摸索阶段，缺乏长期全面的指导性。为推动智慧城市长效机制建立，国家正在朝统筹规划、多维融合、规范标准的方向引领推进。

（4）我国新型智慧城市建设以政策引导为主，目标更侧重于统筹信息资源利用、政府管理和城市治理优化。如加强城市监管、完善信息基础设施、调整产业结构，最终实现城镇优化、居民生活质量提高等目标。

（5）新型智慧城市在建设公共服务便捷化方面初见成效，政务服务线上一体化水平逐步提升，但市民对智慧城市的整体获得感还有待进一步提升。从用户需求出发，进一步推进"互联网+政务服务"仍是推进城市治理智慧化的重点。

（6）我国新型智慧城市总体发展不均衡，建设程度与城市的经济发展水平紧密挂钩。基于国内城市的区位条件和资源丰富程度不同，智慧城市的建设表现出了明显的区域差异，中东部大型城市整体先行，例如北京、广东、江苏、浙江、上海等地。

3.2　成效与经验做法

总结近年来新型智慧城市各方面取得的显著成效，我们认为，经过十几年的发展历程，我国新型智慧城市建设在以下五个方面已经积累了丰富的实践经验和有效做法。

3.2.1　加强统筹推进，规范有序发展

1. 国家政策标准引导规范发展

近年来，新型智慧城市建设领域的国家政策和战略部署陆续出台，主要包括：在政府的国民经济和社会发展五年规划中专门列出智慧城市政策，如《中华人民共和国国民

经济和社会发展第十三个五年规划纲要》；智慧城市建设的具体规划与政策，包括政府长期规划、建设方案、指导意见、项目管理方法等，如国家发展改革委、中央网信办等八部委联合印发的《关于促进分享经济发展的指导性意见》；与智慧城市建设目标相关的"城市信息化建设"或"数字城市建设"的相关政策，如国家互联网信息办公室发布的《数字中国建设发展报告》。

多个中央部委联合开展试点项目，积极推进国家政策的落地转化。重点关注智慧城市建设、智慧应用协同发展及完善相关信息基础设施，涉及信息消费、网络强国、智能制造、创新创业、信息惠民、"互联网+"、大数据、云计算等多个领域，如国家发展改革委、财政部等10部门制定了《推进"互联网+政务服务"开展信息惠民试点的实施方案》。

为规范引导各地有序建设，国家标准委联合中央网信办及国家发展改革委于2015年印发《关于开展智慧城市标准体系和评价指标体系建设及应用实施的指导意见》。各分项领域也持续推进，如民政部推出《街道管理与服务的信息化》MZ/T 090—2017，交通运输部编制了《智慧城市交通评价指标体系》，国家卫生计生委印发了《省统筹区域人口健康信息平台应用功能指引》《医院信息平台应用功能指引》，国家测绘地理信息局编制完成《智慧城市时空信息基础设施 评价指标体系》GB/T 35775—2017等。这些标准和评价体系的出台将更加有利于指导各地规范开展智慧城市建设，更有利于各地建设成果及资源在更高层面的统筹和整合。

2. 地方政策法规推进落地实施

在国家政策的指引下，各地政府积极推进新型智慧城市建设。多地相继出台政策法规，推进落实发展战略，明确建设重点和发展路径，营造良好的政策环境。例如，江苏省先后出台了《关于加快智慧城市建设的实施意见》《省政府关于推进智慧江苏建设的实施意见》《智慧江苏建设行动方案（2014—2016年）》《"十三五"智慧江苏建设发展规划》等一系列重大政策，省内13个设区市分别出台了智慧城市建设规则、实施意见、行动计划或推进方案。

经历过建设初期的"头痛医头""脚痛医脚"，各地政府逐步意识到统筹规划、顶层设计的意义。多个地方政府遵照和依托本地特点、定位和发展愿景，以城市总体发展规划为指导，制定智慧城市各领域的发展目标和建设内容，并根据城市信息化水平、产业发展现状等现实条件统筹规划，细化落地可实施的智慧城市发展规划。例如，浙江嘉兴在2016年启动了智慧城市顶层设计编制，并在2017年5月正式印发嘉兴市新型智慧城市建设的指导性纲领——《嘉兴新型智慧城市标杆市建设顶层设计（精简版）》，明确了建设目标、总体框架、主要任务、实施途径等，提出了"1245"建设计划。上海通过滚动制定智慧城市建设规划，全面推进面向未来的新型智慧城市建设，城市治理和公共服务的泛在化、融合化、智敏化水平显著提升，信息惠民便民效果日益显现，数字经济与实体经济深度融合。

3. 创新体制机制助力协调发展

各地政府越来越重视新型智慧城市建设中的统筹协调，通过创新体制机制，推进跨层级、跨地域、跨系统、跨部门、跨业务的融合发展：一是设置了统筹推进的专职机构，保障实施力度，如嘉兴市首创党、政、参建企业一把手任组长的"三组长"领导小组架构，如深圳、宁波、嘉兴等地专门成立智慧城市办公室，由市长任组长、各相关单位主要领导为组员的领导小组，统筹协调全市智慧城市规划建设工作。二是通过行政体制机制改革突破信息系统整合障碍，如杭州成立数据资源管理局，负责推进政务数据的归集和共享，通过流程再造加强信息系统整合；宁夏银川市通过强化体制创新、构建"智慧政务"平台，优化业务审批流程，审批效率平均提高75%。三是新型智慧城市建设成为地方落实国家及各部委信息化相关战略规划和政策要求的有力抓手。一些地方政府以智慧城市规划引领"十三五"时期信息化工作，如上海、宁波均发布智慧城市"十三五"规划，不再编制信息化规划。

3.2.2 完善基础设施，促进数据融合

1. 全面提升信息基础设施

积极落实"宽带中国"、网络强国战略，加强4G网络、Wi-Fi覆盖，规模部署IPv6，据统计截至2017年年底，我国宽带家庭普及率达到72%，4G用户达到9.97亿。同时，积极推动5G、NB-IoT网络部署及测试，例如江西工信委在2017年9月联合鹰潭市人民政府、中国信息通信研究院发布"江西省移动物联网发展战略"，鹰潭市在全国率先实现3张NB-IoT网络全域覆盖。

2. 加快推进数据融合

国家及地方层面的数据资产意识进一步提高，国家数据资源体系整体规划和建设加快。从2015年9月以来，国务院接连颁布多项数据资源体系建设指导性政策。《中华人民共和国国民经济和社会发展第十三个五年规划纲要》提出要将大数据作为基础性战略资源，全面实施促进大数据发展行动；《促进大数据发展行动纲要》指出结合信息惠民工程实施和智慧城市建设，实现公共服务的多方数据共享、制度对接和协同配合。目前，国家层面已基本建成人口、法人、自然资源、地理空间、宏观经济等基础数据库。在地方层面，地方政府在实践智慧城市建设过程中也愈加肯定数据驱动的核心引擎作用，多地成立大数据发展领导小组，统筹规划、管理、发展政府数据资产，搭建平台实现依职能按需共享数据，城市数据资产管理与价值开发获得突破，例如杭州以部门权责清单和公开事项为基础，积极探索依职能按需求交互共享政务信息资源，并下发《杭州市政务数据资源共享管理暂行办法》。

3. 提升网络安全建设

不断夯实网络安全保障体系，网络空间综合治理明显增强，为新型智慧城市建设提供安全保障。一是互联网基础资源管理得到进一步加强，网络备案主题信息准确率超过93%；二是颁布《中华人民共和国网络安全法》等相关法规，加大网络安全人才的培养力度；三是各地高度重视信息和网络安全建设，例如浙江省以政务云为基础，建设运行信息安全云，兼顾经济和安全两方面，满足用户敏感、私密等信息存储应用的需要。

3.2.3　践行以人为本，惠民初见成效

1. 提升城市治理能力

面向政务、民生、产业，构建综合性的智慧城市平台，通过资源整合、服务融合的理念，为社会公众及城市自身提供一体化、高效优质的管理和服务。一是构建城市综合运营管理中心，立足城市运行监测、管理、处理、决策四大领域，为管理者提供直观生动的监控和决策支持方法，提升城市运营水平和突发事件处理效率。以杭州市下沙开发区为例，作为"智慧城市综合运营管理机制"试点单位，由中国电信承建的开发区智慧

城市综合运营管理平台，采用大监管、大服务模式，建成"一平台、三中心、四大数据库"，打通各部门与智慧城市平台的业务流转和工作协同，建成包括环保、交通、安监等6大城市运行指标的大数据分析平台，实现开发区城市管理前置，完善政府多部门协同联动机制。二是扩展延伸网格化管理领域，从城市管理扩展到治安、社保、环保、绿化、环卫、社区建设等诸多方面，实现多格合一、多网融合、多元联动、资源共享的综合性城市管理新模式，提升城市管理效能、扩大服务民生。例如，中国电信在福建东山县打造了一个网格化服务管理中心，完成了两个综治网格平台和数字城管平台的建设，提供了三级监管体系社区网格化服务管理平台、三级监控中心硬件设施及接入线路方案、各镇及村视频监控点建设的整体解决方案，实现了四个防汛应急指挥系统、海洋渔业指挥系统、公安监控系统及计生管理系统的接入，未来还将接入更多东山智慧旅游、智慧环保等与社会管理息息相关的系统。

2. 注重信息开放惠民

随着数据挖掘和分析在建设规划、城市治理、运营服务等方面发挥的辅助决策作用日渐突出，政府大数据开放共享将成为新型智慧城市发展的主流趋势。可以开放的数据包括交通数据、气象数据、地理位置数据、统计类数据、经济类数据、文化类数据、环境类数据等。政务数据信息通过与教育、医疗、就业、住房、社保、文化体育等惠民服务紧密融合，开放给公众自由地分析和利用，将能够充分释放政务大数据的社会价值和经济价值。目前，北京、上海、浙江、青岛、武汉等十个省市建立了专门的政府数据开放网站，贵阳市政府数据开放平台首批面向社会免费开放634个数据集以及101个API资源，基本涵盖贵阳市所有政府部门及相关直属事业单位。通过政府数据开放平台的数据开放和API接口，社会力量可自由获取城市非涉密数据的使用权，极大地解放了社会生产力。

杭州下沙开发区在拥有企业、人口、视频、地理信息四大电子政务数据库的基础上，统一建设"智慧城市综合管理"平台，支持统一热线受理，下设"城市运行管理、城市应急指挥、民生管理服务"三个中心，提供面向政府、企业和居民的多种智慧应用模块，就如何进一步提升行政效能、进一步辅助科学决策、进一步实现城市事件处置的联动协同、进一步形成城市全面体征监测体系作出了积极探索。下沙开发区打造城市数据管理的"大服务"基石，创新治理、服务民生已初见成效，如减少重复投诉10%，按时反馈率由89.64%上升为100%，综合满意率由94.02%上升到97.07%；智慧门禁系统试点后，治安警情下降7.2%，刑事警情下降47.8%，有效提升了市民的安全感；智慧河道运行后，配水时间从4小时缩短到瞬间完成，水质改善时间由3—5天缩短为半天。

3. 政务服务进入全程在线

随着"放管服""互联网+政务服务""政务信息资源共享管理""政务信息系统整合共享"等工作的全面推进，以人民为中心的智慧政府和服务型政府建设取得了长足发展，网上办事和服务能力得到有效加强，各级大城市均开通了政务服务网。据统计，截至2018年6月，我国在线政务服务用户规模达到4.7亿，其中，使用服务最多的方式是通过支付宝或微信，占比达到42.1%；其次为政府微信公众号，占比23.6%；其他主要的使用方式还包括政府网站、政府手机客户端及政府微博等。

在服务型政府总体要求指引下，各地政府将民生服务作为建设重点，全面启动"互联网+政务"服务体系建设，深化"放管服"改革，由内而外优化政府服务流程和形式，大幅度提升政府公共服务水平。在内部组织流程优化方面，通过审批流程个性化定制、制定落实网上办事深度考核机制等多种手段，持续简化优化服务办事流程，推动简政放权落到实处。在线上服务接入方面，做好服务渠道"加减法"，创新多元化服务接入渠道，拓展公共服务渠道接入覆盖面；整合简化已有服务热线、服务窗口、服务卡等渠道，实现多号合一、多窗合一、多卡合一、多网合一。在线下服务输出方面，各地以"一次不用跑、最多跑一次、零见面审批"为目标导向，广泛调动多种资源，实现政务上门服务，把优质政务服务推送到市民身边，极大地减轻群众办事负担。例如，宁夏银川通过流程梳理再造与智慧政务系统支撑，将26个市直部门负责的500多项审批及公共服务事项，全部划转到行政审批服务局，并推进网上审批身份验证自动化、申报过程智能提醒、审批信息自动流转、审批结果数据自动推送外网等，并提供邮件快递至申请者手中，基本实现了审批事项"一枚印章管到底"和申、审、颁"一条龙"服务。

3.2.4　支持创新创业，带动产业升级

我国新型智慧城市建设工作已逐步成为各个城市智慧产业支撑、数字经济强市的内

在发展需要和经济结构调整、地区转型升级的关键动能。创新创业是新型智慧城市建设的重要契机和综合载体。一是首批28家双创示范基地所在城市均将"双创工作"融入智慧城市的建设，为创业者搭建低成本、便利化、全要素、开放式的创业服务平台，打造了若干"智创空间""智创园区"，为全民创新创业提供支撑保障。二是新型智慧城市建设、"互联网+""中国制造2025"等工作相互融合，引导社会资本投向新技术、新产品、新业态和新模式，不断创造新的投资空间，有效释放了新型工业化、信息化、城镇化、农业现代化、绿色化孕育的海量需求。例如，安徽省大力推进智慧产业，集成电路、新型显示、智能语音、智能家电等产业快速发展。

3.2.5　深化政企合作，提升公共服务

随着新型智慧城市不断推进，城市公共服务开放化、多元化发展趋势愈加明显，互联网企业以轻量级运营模式，凭借自身用户规模和渠道优势快速进入公共服务市场，线上基于互联网快速布局公共服务入口，创新打造线上线下一体化、差异化、精准化服务模式。例如，腾讯、阿里巴巴等互联网企业利用微信、支付宝等平台，向市民提供社保查询、交通出行、医疗服务、生活缴费等民生服务，以更个性化、便捷化的方式完善"最后一公里"服务；2017年互联网企业主导的共享单车行业，在为人们解决"最后一公里"出行的同时，共计为社会带来2213亿元经济社会价值，拉动新兴产业232亿元，拉动就业量39万人次；百度地图结合江苏省交通运输厅所提供的权威公交实时数据，为南京市民提供路况分析、精准实时公交等服务，已覆盖南京的650条公交线路，覆盖率达85%，准确率高达95%。在"互联网+"模式下，政府职能逐步聚焦到服务市场的指导和监督，逐步形成"市场多主体、多模式服务供给+政府行业化、属地化监督"的新型合作路径，城市公共服务迈向精细化、专业化运行的新阶段。

第二篇
政策与趋势

- 新型智慧城市的政策要求
- 新型智慧城市的趋势展望

第4章　新型智慧城市的政策要求

　　制定政策是国家、地方政府为实现阶段性建设任务和目标而制定的行动准则和行动方向。智慧城市在我国的发展历程仅有十多年，政策体系仍处于发展完善过程中，本章主要从不同阶段的国家政策部署、部际工作机制和地方进展，对智慧城市政策要求进行阶段性的梳理概括。

4.1　国家战略部署

　　随着我国新型城镇化的快速推进，城市面临着各项挑战，政府治理、数字化转型、人居环境、社区营造、生活便捷等方面都亟须提升，智慧城市因其高效、便捷、宜居的城市发展理念得到各级政府的大力支持，配套政策陆续出台。

4.1.1　以业务为导向、局部建设为主的政策探索期

　　2002年党的十六大报告中首次提出"以信息化带动工业化，以工业化促进信息化"的发展道路，国家层面逐步在电子政务、电子商务、物联网发展等领域颁布了多项指导性政策（表4-1）。早期政策要求聚焦于传统城市的数字化进程，主要用于解决业务信息化、数据化、流程化等问题，以业务为导向提高管理和生产效率为主，将公共基础设施和服务系统作为主要建设内容，技术应用方面则聚焦于城市感知层建设，重在记录城市运营信息。

起步探索期政策列表　　　　　　　　　　表4-1

时间	政策文件	单位	主要内容及影响
2002年8月	《国家信息化领导小组关于我国电子政务建设的指导意见》	国家信息化领导小组	正式提出要重点建设并整合中央和地方的综合门户网站
2006年5月	《2006—2020年国家信息化发展战略》	中共中央办公厅、国务院	提出了推进国民经济信息化、推行电子政务、完善综合信息基础设施等9个方面的战略重点
2011年12月	《工业转型升级规划（2011—2015年）》	国务院	推进物联网在先进制造、现代物流、食品安全、数字医疗、环保监测、安全生产、安全反恐、智慧城市以及交通、水利、电网等技术设施中的应用
2012年11月	《国家智慧城市试点暂行管理办法》	住房城乡建设部	明确智慧城市试点的申报要求、评审程序、创建过程管理及验收
2013年8月	《国务院关于促进信息消费扩大内需的若干意见》	国务院	明确提出在有条件的城市开展智慧城市试点示范建设。加快实施智能电网、智能交通、智能水务、智慧国土等工程，鼓励市场主体参与智慧城市建设

4.1.2　以统筹引导、规范有序为重点的政策加速期

为及时矫正智慧城市推进中出现的重建设、轻运营、信息孤岛、协作效率低等问题，2014至2015年期间的政策以统筹引导、规范有序为重点，注重技术应用与城市建设有机融合，注重跨部门、跨行业的统筹协调。

2014年出台的《国家新型城镇化规划（2014—2020年）》首次将智慧城市作为城市核心发展理念纳入国家战略，明确了智慧城市建设应紧密围绕国家新型城镇化的战略部署，要在城乡资源统筹、产业升级、服务便捷、生态宜居、精准治理方面发挥信息化、智慧化的支撑作用。国家新型城镇化规划提出的智慧城市建设任务见表4-2。

国家新型城镇化规划提出的智慧城市建设任务   表4-2

序号	内容
1	提出强化信息网络、基础设施智能化建设
2	加快传统产业信息化改造，加快以信息服务业为代表的新业态培育
3	深化社会治理领域的信息应用，完善服务体系，增强城市治理信息的保障能力
4	统筹城市经济社会发展各类资源的汇总与共享，优化政府跨部门、跨行业的信息共享和业务协同

　　国家层面形成多部委统筹推动智慧城市建设的工作局面。2014年8月，国家发展改革委等八部委联合下发《关于促进智慧城市健康发展的指导意见》（以下简称《意见》），提出四大原则、五大目标和五大任务，进一步规范了智慧城市的有序建设。为落实《意见》，由中央网信办、国家发展改革委牵头会同工信部、科技部、公安部等26个部委组建了"促进智慧城市健康发展部际协调工作组"，对外首次形成了国家层面多部委统筹推动智慧城市建设的工作局面（表4-3）。

《意见》文件摘要   表4-3

四大原则	以人为本，务实推进：突出为民、便民、惠民，推动创新城市管理和公共服务方式，避免重建设、轻实效，向公众分享智慧城市建设成果
	因地制宜，科学有序：以城市发展需求为导向，根据城市客观基础等，应用先进适用技术科学推进智慧城市建设。先行先试，有序推动智慧城市发展，避免贪大求全、重复建设
	市场为主，协同创新：鼓励建设和运营模式创新，注重激发市场活力，建立可持续发展机制。鼓励社会资本参与建设投资和运营，杜绝政府大包大揽和不必要的行政干预
	可管可控，确保安全：落实国家信息安全等级保护制度，强化网络和信息安全管理，落实责任机制，健全网络和信息安全标准体系，加大依法管理网络和保护个人信息的力度，加强要害信息系统和信息基础设施安全保障，确保安全可控
五大目标	公共服务便捷化：基本建成覆盖城乡居民、农民工及其随迁家属的信息服务体系，公众获取基本公共服务更加方便、及时、高效
	城市管理精细化：社会管理领域的信息化体系基本形成，实现城市规划和城市基础设施管理的数字化、精准化水平大幅提升，推动政府行政效能和城市管理水平大幅提升
	生活环境宜居化：居民生活数字化水平显著提高，环境智能监测体系和在线防控体系基本建成，促进城市人居环境得到改善

五大目标	基础设施智能化：下一代信息基础设施基本建成，公用基础设施的智能化水平大幅提升，运行管理实现精准化、协同化、一体化。工业化与信息化深度融合，信息服务业加快发展
	网络安全长效化：城市网络安全保障体系和管理制度基本建立，基础网络和要害信息系统安全可控，重要信息资源安全得到切实保障，居民、企业和政府的信息得到有效保护
五大任务	科学制定智慧城市建设顶层设计
	切实加大信息资源开发共享力度
	积极运用新技术新业态
	着力加强网络信息安全管理和能力建设
	完善组织管理和制度建设

《国家新型城镇化规划（2014—2020年）》和《关于促进智慧城市健康发展的指导意见》的出台为我国智慧城市建设奠定了重要的政策导向，体现出四项核心意义：（1）清晰地指出我国智慧城市建设的总体方向和建设重点，在当时的发展阶段中有利于凝聚社会各界共识；（2）回归城市本质，尊重城市客观发展规律，要充分结合当前城市现状及需求，杜绝盲目建设、大包大揽，理性务实地推进智慧城市建设；（3）明确提出公共服务、城市管理、生活环境、基础设施、网络安全五个维度的建设目标，为后续新型智慧城市评价体系奠定了基本导向；（4）为新型智慧城市的建设提供了政策环境。2015年，中央网信办、国家标准委、国家发展改革委等部委发布《关于开展智慧城市标准体系和评价指标体系建设及应用实施的指导意见》，得到地方城市的积极响应，我国智慧城市建设进入加速期。

4.1.3　以人为本，中国特色的新型智慧城市建设期

改革开放以来，我国经历了世界历史上规模最大、速度最快的城镇化进程，城市发展带动了整个经济社会发展和民生改善，成为我国现代化建设的重要引擎。但与此同时，城市病日益凸显，给城市建设、政府治理、居民生活带来越来越多的挑战和压力，转变城市发展方式成为新的发展需求。为此，习近平总书记在2015年12月的中央城市工作会议上

指出了"坚持以人民为中心，坚持人民城市为人民"的智慧城市建设核心思想，提出了"提高城市治理能力，着力解决城市病"的核心任务。2016年4月，习近平总书记在全国网络安全和信息化工作会议座谈会上首次提出中国特色的"新型智慧城市"。

2016年，我国进入新型智慧城市建设阶段，国家层面的统筹指导作用进一步加强。原"促进智慧城市健康发展部际协调工作组"由司局级升格为部级协调工作机制，更名为"新型智慧城市建设部际协调工作组"，并制定出台了《新型智慧城市建设部际协调工作组2016—2018年工作分工》。同年10月，习近平总书记在中央政治局第三十六次集体学习中强调"以建设新型智慧城市等为抓手，以数据集中和共享为途径，建设全国一体化的国家大数据中心，推进技术融合、业务融合、数据融合，实现跨层级、跨地域、跨系统、跨部门、跨业务的协同管理和服务"。"三融、五跨"成为新型智慧城市建设的重要指引。2016年12月，国务院印发的《"十三五"国家信息化规划》中提出开展新型智慧城市建设行动。至此，新型智慧城市建设工作形成了具备核心思想、重点任务、行动计划、实施路径和评价指标的完整体系（表4-4）。

《"十三五"国家信息化规划》——新型智慧城市建设行动主要任务　　表4-4

序号	内容
1	形成无处不在的惠民服务
2	透明高效的在线政府
3	融合创新的信息经济
4	精准精细的城市治理
5	安全可靠的运行体系
6	分级分类推进新型智慧城市建设
7	推动城际互联互通和信息共享

4.1.4　建设网络强国，迈向智慧社会建设新时期

党的十九大报告提出的网络强国、数字中国、智慧社会战略部署为新型智慧城市建设明确了新的发展方向。我国人口优势和网络基础设施普及率是建设网络强国的重要支撑，也是有别于发达国家的先天优势，一批世界级互联网公司的崛起充分说明我国具备从

网络大国走向网络强国的良好基础，有利于我国在全球范围内实现弯道超车。

当前新一轮科技革命和产业变革重塑比较优势，发达国家实施"再工业化"和"制造业回归"战略，增强自主创新能力，培育壮大数字经济成为全球各国争创国际竞争优势的重要途径，贯彻实施数字中国建设是适应我国当前发展新的历史方位，以信息化培育新动能，用新动能推动新发展。数字中国战略是立足于"数据资源化"为经济建设、政治建设、社会建设、文化建设、生态文明建设等各项事业发展提供信息化技术和资源支撑，有利于推动我国经济社会的高质量发展。

智慧社会是我国社会发展历程中的一次全方位、系统性变革，也是国家治理体系和治理能力现代化的推动力量。社会发展步入万物互联、虚实结合、开放共享的智慧时代，挖掘数据价值将成为新的生产方式，有助于推动生产、生活、生态的有机融合。同时，智慧社会的提出是着眼于以智慧化手段缓解城乡二元结构的根本性矛盾，缓解城镇化进程中县域发展不充分、不均衡的问题，是新时代推进城乡融合、乡村振兴的根本要求，更是从全局出发对智慧城市群、智慧城市、智慧小镇、智慧园区、智慧社区等各类载体进行的统筹设计，加快推进城乡公平共享发展（表4-5）。

近期文件及总书记讲话摘要　　　　　　　　　表4-5

时间	政策文件	来源	主要内容及影响
2017年10月	中国共产党第十九次全国代表大会	习近平讲话	创新是引领发展第一动力，要坚定实施创新驱动发展战略，加快建设创新型国家。推动互联网、大数据、人工智能和实体经济深度融合，为建设科技强国、质量强国、航天强国、网络强国、交通强国、数字中国和智慧社会提供有力支撑
2017年12月	中央政治局就实施国家大数据战略进行第二次集体学习	习近平讲话	（1）要推动大数据技术产业创新发展;（2）构建以数据为关键要素的数字经济;（3）运用大数据提升国家治理现代化水平;（4）要运用大数据促进保障和改善民生;（5）要切实保障国家数据安全;（6）领导干部做好善于获取数据、分析数据、运用数据的基本功
2018年3月	关于实施2018年推进新型城镇化建设重点任务的通知	国家发展改革委	推进城市治理现代化：分级分类推进新型智慧城市建设，以新型智慧城市评价工作为抓手，引导各地区利用互联网、大数据、人工智能推进城市治理和公共服务智慧化，建设城市空间基础地理信息数据库，力争所有市县整合形成数字化城市管理平台。全面推进健康城市建设，提升社会健康治理水平。着力解决交通拥堵、交通安全以及停车难、停车乱问题

续表

时间	政策文件	来源	主要内容及影响
2018年	全国网络安全和信息化工作会议	习近平讲话	（1）自主创新推进网络强国建设；（2）没有网络安全就没有国家安全，就没有经济社会稳定运行，要树立正确的网络安全观；（3）核心技术是国之重器，加速推动信息领域核心技术突破；（4）围绕建设现代化经济体系、实现高质量发展，加快信息化发展，整体带动和提升新型工业化、城镇化、农业现代化发展；（5）发展数字经济，加快推动数字产业化，依靠信息技术创新驱动，不断催生新产业新业态新模式；（6）推进全球互联网治理体系变革是大势所趋、人心所向
2019年11月	中共中央政治局就我国应急管理体系和能力建设进行第十九次集体学习	习近平讲话	要强化应急管理装备技术支撑，依靠科技提高应急管理的科学化、专业化、智能化、精细化水平。要适应科技信息化发展大势，以信息化推进应急管理现代化，提高监测预警能力、监管执法能力、辅助指挥决策能力、救援实战能力和社会动员能力
2020年3月	工信部将实施制造业数字化转型行动	工信部新闻发言人	（1）将组织实施制造业数字化转型行动计划；（2）加大数字新基建的建设力度
2020年4月	《关于推进"上云用数赋智"行动 培育新经济发展实施方案》	国家发展改革委、中央网信办	大力培育数字经济新业态，深入推进企业数字化转型，打造数据供应链，形成产业链上下游和跨行业融合的数字化生态体系。主要有：夯实数字化转型技术支撑；构建多层联动的产业互联网平台加快企业"上云用数赋智"；建立跨界融合的数字化生态；拓展经济发展新空间；加大数字化转型支撑保障
2020年7月	《关于支持新业态新模式健康发展 激活消费市场带动扩大就业的意见》	国家发展改革委、中央网信办、工业和信息化部等十三个部门	数字经济助推经济发展质量变革、效率变革、动力变革，成为推动我国经济社会发展的新引擎。应积极探索线上服务新模式，激活消费新市场；加快推进产业数字化转型，壮大实体经济新动能；鼓励发展新个体经济，开辟消费和就业新空间；培育发展共享经济新业态，创造生产要素供给新方式
2020年7月	《关于开展国家数字乡村试点工作的通知》	中央网信办等七部门	（1）开展数字乡村整体规划设计；（2）完善乡村新一代信息基础设施；（3）探索乡村数字经济新业态；（4）探索乡村数字治理新模式；（5）完善"三农"信息服务体系；（6）完善设施资源整合共享机制；（7）探索数字乡村可持续发展机制

4.1.5 "十四五"开启新型智慧城市建设高质量发展期

"十四五"时期正值两个百年交汇期，也是我国加快转变发展方式、转换增长动力、实现高质量发展的关键期。当前，世界正经历百年未有之大变局，新一轮科技革命和产业变革蓬勃兴起，但同时大国博弈加剧，外部环境更加复杂，不确定性和挑战更多。加快转变发展方式仍将是重点任务，新型智慧城市建设被寄予厚望。特别是2020年新型冠状病毒肺炎疫情发生后，面对现有城市发展带来的挑战，让各界深刻认识到信息化、数字化、智能化在国家管理和社会治理中的重要作用。

加强政策引导，推动新型智慧城市实现高质量发展，既是适应新时代我国发展阶段新变化的必然要求，也是当前和今后一个时期谋划智慧城市工作的根本指针。过去十多年的快速扩张，智慧城市成功解决了"从无到有"的问题，而新型智慧城市高质量发展则要重点解决"从弱到强"的问题，实现更有效率、更加公平、更高品质、更可持续的发展。运用辩证统一的思维方法，可以从四个维度上来理解当前新型智慧城市建设的政策导向（图4-1）。

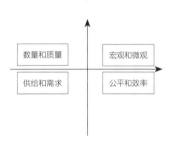

图4-1　理解新型智慧城市建设政策导向的四个维度

从数量和质量相结合的维度。推动新型智慧城市高质量发展仍然要改变过去多年来以信息基础设施硬件投入为主的局面，转变为依靠技术进步、治理能力和创新应用，增强新型智慧城市发展质量效益。同时，也要认识到质与量是对立统一的关系，新型智慧城市高质量发展依然要求抓好资金、数据、新型基础设施以及信息系统平台等基础要素有效投入和集约建设。

从宏观和微观相结合的维度。宏观层面要按照"网络强国、数字中国、智慧社会"的战略部署要求，加快新型智慧城市高质量发展相关体制机制改革，以创新驱动新型智慧城市领域的质量、效率、动力的变革。微观层面要进一步提升智慧城市相关产品和服务的质量标准，培育支撑新型智慧城市高质量发展的科技、金融、人才等要素。

从供给和需求相结合的维度。推动高质量发展，必须促进新型智慧城市供需层面的有效匹配与衔接。要把握人民群众越来越重视城市产品服务的质量、品牌、信誉度、安全、环保、智能等指标的消费升级趋势，适应人民群众日益增长的多样化、多层次、多方面、高体验等方面的需求，提供更多服务城市生活、生产和生态的智慧化优质供给，更多发挥创新效能驱动供需高水平动态平衡发展。

从公平和效率相结合的维度。我国新型智慧城市发展在空间布局上仍然存在着东中西部以及城乡之间的发展鸿沟。从公平的角度来看，高质量发展阶段应注重解决区域发展不平衡问题，突出以人为本，智慧城市为民、便民、惠民的导向，推动各地因地制宜合理协调建设智慧城市。从效率角度看，新型智慧城市高质量发展需要改变以往"上项目、大建设"的惯性思维，以最少的要素投入获得最大的产出效益，实现资源优化配置。

综合来看，"十四五"期间，新型智慧城市高质量发展是坚持以人民为中心，以智慧城市供给侧结构性改革为主线，突出"质量第一、效率优先"发展原则，充分发挥政策的引导作用，鼓励行业提供更多智慧化优质服务，显著提升城市治理体系和治理能力现代化水平，不断推动新型智慧城市发展向健康可持续更高水平跃迁的一个动态过程（表4-6）。

《中共中央关于制定国民经济和社会发展第十四个五年规划和

二〇三五年远景目标的建议》摘要　　　　　　表4-6

时间	政策文件	来源	主要内容
2020年10月29日	中共中央关于制定国民经济和社会发展第十四个五年规划和二〇三五年远景目标的建议	十九届中央委员会第五次全体会议	1. 坚持创新在我国现代化建设全局中的核心地位（面向世界科技前沿、面向经济主战场、面向国家重大需求、面向人民生命健康，深入实施科教兴国战略、人才强国战略、创新驱动发展战略，完善国家创新体系） 2. 坚持把发展经济着力点放在实体经济上，坚定不移建设制造强国、质量强国、网络强国、数字中国，推进产业基础高级化、产业链现代化，提高经济质量效益和核心竞争力（其中，加快数字化发展：发展数字经济，推进数字产业化和产业数字化；加强数字社会、数字政府建设，提升公共服务、社会治理等数字化智能化水平；建立数据资源产权、交易流通、跨境传输和安全保护等基础制度和标准规范；扩大基础公共信息数据有序开放，建设国家数据统一共享开放平台；保障国家数据安全，加强个人信息保护；提升全民数字技能；积极参与数字领域国际规则和标准制定） 3. 全面实施乡村振兴战略，强化以工补农、以城带乡，推动形成工农互促、城乡互补、协调发展、共同繁荣的新型工农城乡关系 4. 推进区域协调发展和新型城镇化（提出推进以人为核心的新型城镇化）

4.2　部际协调工作

"新型智慧城市建设部际协调工作组"（原为"促进智慧城市健康发展部际协调工作组"）成立，从国家层面统筹部署新型智慧城市建设。工作组通过制定任务分工，统筹部署明确各部委推进新型智慧城市的工作职责，对跨部门、跨行业的重大问题提出了共商、共议、共策的解决方案，一定程度上避免了"政出多门、政策冲突"的现象。

《新型智慧城市评价指标》2016版、2018版的出台，在全国范围内形成了"以评促建、以评促改、以评促管、以评促用"的智慧城市推进模式。2016年和2019年开展的评价工作，全面加快了地方城市的新型智慧城市建设进程，并为城市实践提供了权威的国家标准和考核依据。

两版评价指标和分析评价数据，呈现以下五个方面的特征（表4-7）：

（1）增强以人民为中心的价值导向，民众体验的权重显著提升。

（2）新型智慧城市建设稳步推进，分级分类有效落实。2019年有288个城市参与，参与率同比增长15.66%，得分增长17.46%，275个城市完成填报，完成率提升16.27%；参评城市从地级市扩大到县和县级市，其中县级80个参与评价，完成率为68.75%。

（3）区域差异明显，东部领先，中部崛起，西部滞后。

（4）信息资源共享仍是难点、痛点，平均得分在一级指标中排名倒数第一。

（5）开展智慧城市群建设初具雏形。城市群智慧城市建设显著，京津冀城市群、长三角城市群、粤港澳大湾区城市群填报率分别为100%、96.2%和88.9%，平均得分均高于全国平均水平。

2016版与2018版新型智慧城市评价指标对比　　　　　　　　表4-7

序号	主要调整内容
1	一级指标"改革创新"调整为"创新发展"
2	一级指标"市民体验问卷"权重从20%提高到40%（其他总体权重由80%下调至60%）；同时下设二级指标中删除"电商服务"，新增"智慧农业"和"智慧社区"两项
3	一级指标"惠民服务"由37%下调至26%
4	一级指标"精准治理"由9%上调至11%，同时下设二级指标由2项增加到3项（新增社会信用）

　　新型智慧城市评价工作对促进我国新型智慧城市建设有着四项重要意义：

　　（1）为了解现状、形势研判、确定重点提供了科学依据，对出现的问题予以及时纠偏，让智慧城市实践有据可依、有序推进。

　　（2）提升建设实效，让民众进一步可见、可感、可用。

　　（3）及时发现、总结优秀案例和成功模式。

　　（4）开展了全球首个体系最全、评价覆盖范围最广、第三方市民体验调查规模最大的智慧城市评价实践，形成较大的国际反响。

4.3　地方工作进展

　　到2016年年底，全国100%的副省级以上城市、超过89%的地级及以上城市、超过47%的县级及以上城市均明确提出建设智慧城市。根据德勤公司2018年发布的统计数据显示，目前全球已启动或正在建设的智慧城市有1000多个，我国在数量上排名第一，远超排名第二的欧洲90个。

　　在早期探索期，宁波市于2010年提出建设智慧城市的战略决策，是国内首个系统开展智慧城市建设的城市。北京、上海、天津、重庆4个直辖市率先提出智慧城市规划，15个副省级城市全部提出建设智慧城市，90%以上的地级市提出建设智慧城市。在此阶段中，一、二线城市为主，智慧城市被作为加快城市转型升级的有效抓手，重点聚焦于技术研发、应用创新、公共服务等。中小城市相对进展缓慢，以信息基础设施完善为重点，旨在通过规划统筹抢占智慧城市发展契机。

　　遵照国家层面推进新型智慧城市建设的指示精神，各地方政府在"十三五"期间，通过实施意见、规划、行动计划、纲要等不同形式提出了各自的智慧城市推进方案。相比之前，各地实践中更加注重对自身信息化基础、发展需求等的精准把握，更加注重落地实施性，地方特色进一步体现，也涌现了一批具有地方特色的典型案例，为其他城市提供了学习、借鉴的良好示范（表4-8、表4-9）。

"十三五"期间部分省市新型智慧城市政策文件　　　　　表4-8

省市	文件名称	内容摘要
北京	《北京市"十三五"时期信息化发展规划》	信息化成为全市经济社会各领域融合创新、升级发展的新引擎。北京成为互联网创新中心、信息化工业化融合创新中心、大数据综合试验区和智慧城市示范区
武汉	《武汉市关于国民经济和社会发展第十三个五年规划纲要》	坚持推动信息技术与城市发展全面深入融合，加快构建新一代信息基础设施，加强智能技术研发和全方位应用，建设全面感知、泛在互联、高度智能的智慧城市
重庆	《重庆市深入推进智慧城市建设总体方案（2015—2020年）》	信息基础设施和公共信息平台更加完善，城市传感基础更加完备。产业升级、政务应用、公共服务等应用示范工程全面建成。基本建成四化同步发展，智慧化水平和网络保障能力国内领先的中心城市
合肥	《智慧合肥建设"十三五"规划纲要》	基本建成宽带、泛在、融合、安全的信息化基础设施，智慧城市建设水平进入全国领先行列
昆明	《中共昆明市委办公厅 昆明市人民政府办公厅关于加快推进新型智慧城市建设的实施意见》	构建以人为本、惠及全民的民生服务体系，打造精准治理、多方协作的社会治理新模式，形成数据活化、研判智能的政府决策能力，培育产业发展新格局

新型智慧城市发展报告2015—2016部分城市案例　　　　　表4-9

省市	做法及亮点
宁波	应用便捷的教育服务平台和内容丰富、机制灵活的教育学习平台，形成智慧教育可持续发展的运营机制和治理环境，培育了教育"淘宝网""甬上云校"等典型经验
吉林	利用农业大数据综合服务平台实现"一张图"使农业数据互联互通，并带动涉农产业链发展
潍坊	通过时空信息云平台建设，实现对市、县、乡镇、村四级的基础数据及平台服务，使县级节点和市级节点高效融合，并通过建立专题数据形成数据共享交换体系，是市县一体化的良好示范

　　党的十九大后，遵照网络强国、数字中国、智慧社会的部署，各省市在新型智慧城市建设中更加注重顶层设计，着力于全局谋划、上下联动，实施方向上更加关注大数据、互联网、人工智能与实体经济深度融合（表4-10）。

近年来部分省市新型智慧城市政策文件   表4-10

省市	名称	内容摘要
陕西省	《关于加快推进全省新型智慧城市建设的指导意见》，2018年	建设完善便民服务、高效透明的在线政府、精准精细的城市管理、融合创新的数据产业、自主可控的安全体系。明确指出要建立省、市两级的协调推进机制
山东省	《数字山东发展规划（2018—2022年）》，2019年2月	构建数据资源采集、共享、开放的数据生态体系；培育数字经济，2022年占GDP比重到45%以上；建设高效协同数字政府；创新发展数字化服务
杭州市	《"数字杭州"（"新型智慧杭州"一期）发展规划》	推动数据资源成为经济转型和社会发展的新动能，推动人工智能技术在宏观决策、社会治理、制造、环保、医疗等重要领域开展试点示范，创新城市管理
深圳市	《智慧城市建设深圳共识》	智慧城市是智慧社会的城镇载体，代表城市未来发展方向，是推动产业转型升级和高质量发展的新动力，是国家和区域竞争的制高点

　　2020年新型冠状病毒肺炎疫情发生后，新型智慧城市建设的重要性再次被高度关注。2020年2月上海市率先发布《关于进一步加快智慧城市建设的若干意见》，提出坚持全市"一盘棋、一体化"建设，推进城市治理制度创新、模式创新、手段创新，提高城市科学化、精细化、智能化管理水平。同时，河南省、四川省等内陆省份也纷纷出台《关于加快新型智慧城市建设的指导意见》。此次新型冠状病毒肺炎疫情构成全球性大流行的威胁或将导致全球性衰退，对现有城市发展带来的挑战，让各界深刻认识到信息化、数字化、智能化在国家管理和社会治理中的重要作用。深入推进我国新型智慧城市建设，是开辟城市可持续发展的新路径，更是我国进入新发展阶段后，贯彻新发展理念，抓好具体落实，推动经济社会持续健康发展的重要任务。

第5章　新型智慧城市的趋势展望

本章从实践进展、行业动态、根本需求、发展动力、政策效益方面分析阐述了新型智慧城市的阶段特色，重点关注普惠共享、多元治理、数据资源、系统融合、新型基础设施五个方面的发展趋势，提出围绕"坚持顶层指导、弥合城乡数字鸿沟、释放数据价值、推进网络强国建设"，加快推动新型智慧城市高质量的发展。

5.1　中国新型智慧城市阶段特点

5.1.1　从实践进展看，我国新型智慧城市建设正处于起步阶段向加速阶段迈进的关键时期

2016年和2018年的新型智慧城市评价结果显示，我国智慧城市建设整体仍处于起步阶段，但已取得阶段性成果，新型智慧城市的共识已形成，进入成熟期和成长期的城市数量有明显提升。各地方城市仍在不断探索建立符合自身发展需求的建设模式、运营机制和机制体系。

顶层设计得到高度关注。2019年1月，《智慧城市 顶层设计指南》GB/T 36333—2018正式实施后，各省会城市、计划单列市、地级市、县级市、国家级新城新区、国家级城市群纷纷着手开展新型智慧城市顶层设计工作，城市群为23.1%、省级城市为

94.4%、地级市为71.0%、新城新区为52.6%、县级市为24.5%。2020年7月，国家发展改革委发布了《关于加快开展县城城镇化补短板强弱项工作的通知》，县级市将迎来新型智慧城市建设的快速增长期（表5-1）。

城市开展新型智慧城市顶层设计情况　　表5-1

分类	已开展城市（个）	城市总数（个）	比例（%）
国家级城市群	3	13	23.1
省级城市	34	36	94.4
地级市	181	255	71.0
国家级新城新区	10	19	52.6
县级市	90	367	24.5

资料来源：《新型智慧城市发展研究报告（2019年）》（中国信息通信研究院）。

5.1.2　从行业动态看，我国新型智慧城市行业发展处于初期阶段

2020年初，国家发改委城市和小城镇改革发展中心对全国智慧城市行业发展动态开展了相关调查研究，结果显示：

1. 行业利润呈向龙头集中趋势

参与城市建设的企业经营状况整体向好，但盈利能力参差不齐，国有企业强于民营企业，大型上市公司强于中小企业，广大中小企业存在盈利困难的现象。其中，盈利企业占比64.72%，维持或亏损企业占比35.28%；国有及国有控股企业处于盈利状态的占比最高，为78.35%（图5-1）。小微企业盈利占比为35.62%，远低于大型企业和中型企业盈利占比（分别为81.48%、66.48%）；小微企业处于维持状态的占比相对较高，为52.05%（图5-2）。

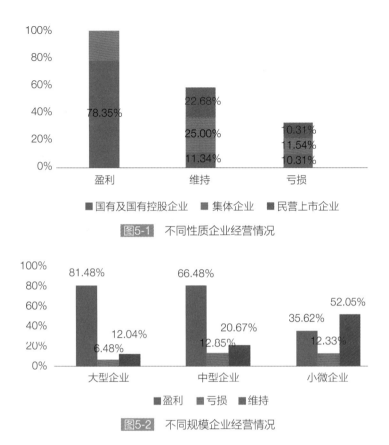

图5-1　不同性质企业经营情况

图5-2　不同规模企业经营情况

2. 企业盈利高度依赖政府付费

智慧城市在建项目中，政府主导项目仍为主流。其中，大中型企业、国有企业与地方政府合作模式较为丰富，但政府资本占比过高。民营企业、中小企业业务领域集中在为大型企业配套，与地方政府以BOT、BT模式进行合作等。调查结果显示，企业的主要投融资模式为联合建设运营（占比58.41%）、政府和运营商/第三方共同投资（占比53.10%）。与不同规模的企业交叉分析发现，大中型企业投融资模式大多为联合建设运营（占比70.00%、60.87%），小微企业投融资模式多为政府投资，委托运营商或政府和运营商/第三方共同投资（占比50.00%、80.00%），见表5-2。

城市治理项目投融资模式　　　　　　　　　　　　表5-2

城市治理项目投融资模式	占比	大型企业	中型企业	小型企业	微型企业
政府和运营商/第三方共同投资，运营商/第三方建设并运营	53.10%	57.50%	56.52%	31.82%	80.00%
政府投资，委托运营商/第三方建设和运营	30.97%	30.00%	23.91%	50.00%	20.00%
政府牵头，BOT（建设—经营—转移）/BT（建设—转移）模式	38.05%	35.00%	45.65%	27.27%	40.00%
运营商/第三方独立投资建设和运营	23.01%	27.50%	13.04%	40.91%	0.00%
联合建设运营	58.41%	70.00%	60.87%	40.91%	20.00%
联合公司化运营	43.36%	45.00%	50.00%	36.36%	0.00%

根据调研结果，当前我国智慧城市行业发展还处于初期阶段，需要加快推动从"数据"向"数智"的转变。整个行业盈利模式处在探索阶段，对政府付费模式高度依赖，缺乏成熟的商业模式，实际营运仍然以"国"字头为主。同时，调查过程中发现，多数政府智慧城市类项目只是将传统的线下流程"搬"到线上，将物理性的东西进行数字化改造，项目建设实效上多以数据收集、管理为主，数据价值的开发应用存在较大不足。

5.1.3　从根本需求看，我国新型智慧城市建设面临着复杂性、多样化诉求

城市自身发展面临的诸多诉求。我国正处于转变发展方式、优化经济结构、转换发展动力的关键时期，发展中结构性、体制性、周期性问题相互交织，人口流动和结构变化加速，导致城市自身发展所面临的问题空前复杂，对智慧城市解决问题的能力提出了更高要求。

智慧城市的一些传统难点、痛点依然未能彻底解决。一是建设模式单一，"政府引导、市场主导"的建设模式虽有局部探索，但尚未能形成规模化推广。二是数据共享难，碎片化问题依然有待进一步解决。2020年初的新型冠状病毒肺炎疫情对我国智慧城市建设成效进行了"突击考核"，数据共享的短板再次暴露。三是数据素养问题进一步凸显。领导干部在获取数据、分析数据、运用数据方面的能力普遍不足，同时专业人

才缺口较大。据2017年《中国ICT人才生态白皮书》预测，未来人才总体需求缺口将有70%集中在智慧城市相关领域。

5.1.4　从发展动力看，城镇化是新型智慧城市建设的重要推动力

新型城镇化是我国扩大内需、建设强大国内市场的重要支撑，在促进我国高质量发展、推动社会主义现代化建设中具有不可替代的作用，当前城市建设依赖通过智慧化的方式提供科学精准的决策依据，在空间结构、产业就业、政府治理、公共服务、资源环境等方面优化实施路径，对有限的资源进行最优调配、合理平衡各方需求，实现城市经济、社会和环境的健康持续发展。同时，城镇化的推进还将有效地增强我国城市发展的联动性，破解城乡二元结构矛盾，变"短板"为"潜力板"。智慧城市在促进区域协同、优化资源配置、提高运行效率等方面有着不可替代的优势，必将在城镇化进程中发挥重要的支撑作用。

5.1.5　从政策效益看，新型智慧城市政策体系日益完善

我国智慧城市相关政策经历了"从无到有""从局部至整体""从宏观指导到实效评价"的发展历程，形成了自上而下推动的完整体系。对比全球其他国家，我国智慧城市发展时间不长，但各级政府投入力度较大，宏观层面形成了智慧城市顶层设计、部际协调推进机制、实施评价指标三项抓手。各级政府在实践中也形成了相应的推进机制、配套政策和项目载体，实现了中央到地方的有机衔接，政策红利持续释放。

在政策内容上，与欧美国家注重公众参与、低碳环保、社区营造等具体领域不同，我国政策视角更为宏观，侧重政府治理和信息惠民的普及应用。近年来随着数字经济的蓬勃发展，行业应用得到深入开展，在线教育、远程医疗、直播电商、共享交通、智慧医疗、智慧农业等新业态、新模式不断涌现，中央及地方相关政策也陆续出台，使得政策体系建设无论在数量和质量方面，还是宏观和微观层面都得到了进一步的完善，其引导力、凝聚力和推动力显著提升。

5.2 新型智慧城市发展趋势研判

5.2.1 强调"以人民为中心",让建设成果惠及全民

高质量发展本质是以人民为中心,城市建设成果要惠及全民,最终体现在人民生活品质提升上,让新型智慧城市建设成果惠及全体人民,凸显"普惠共享"的基本特征。新型智慧城市评价指标中,将城市居民感受、提高居民幸福感和获得感作为重要评价内容,各类应用及平台建设都是为了搭建能对居民需求作出及时、准确回应的服务体系。

在政务服务方面,各地以政务改革为抓手,全面整合数据资源与服务渠道,打造以人为本的职能化政务及城市服务体系,对服务流程和服务形式进行了系统化、科学化、智能化的改造完善,取得了"最多跑一次、一次不用跑、零见面审批、多窗合一"等诸多成功经验,切实有效地让城市居民感受到智慧城市带来的便捷、高效、人性化的服务。

"城市是人民的城市,人民城市为人民",遵循这一指示,未来新型智慧城市将始终坚持以居民为主体,以提升居民获得感和幸福感为目标,打造善感知、有温度更加聪明的城市。

5.2.2 凝聚多元主体,合力提升城市治理效能

随着城市发展,社会阶层的分化和利益格局多元化,市民权利意识日趋提升,对公共资源分配效率高度关注,对提升社会治理的公平信任以及服务能力的期待值越来越高。加快推进治理能力现代化,需要充分发挥社会各界的力量,推动形成政府、社会、市场、民众多元主体共建共治共享的社会治理格局。

实践方面,应充分运用网络终端、应用平台、新媒体等方式建立起政府信息发布和公众参与的畅通渠道和有效的监督反馈机制。同时,治理现代化要求鼓励公众参与决策,增强政府在管理和决策过程的透明度,引导企业、居民和社会团体等多元主体参与,形成整体合力,提高治理效能和服务能力。加快推进多元主体协同共治,符合我国社会主义核心价值观所倡导的民主、法治、公正理念,也符合民主治理的全球主流趋势。

5.2.3　培育数据市场，加快数据资源化

在日常生活中，每时每刻都在产生着大量数据，这些数据不同程度地渗透到各个角落和各个行业及部门，数据通过采集、存储、交易/交换，到分析加工产生使用价值，整个流通过程对企业经营、产业创新、政府管理、居民生产、生活带来巨大的改变，推动经济结构实现历史性变革。数字技术正在重塑世界贸易格局，数字经济作为新经济形态，对经济发展和社会进步产生着深刻影响。根据国际数据公司IDC对全球"数据圈"的预计，我国"数据圈"将以每年30%的平均增速快速发展，到2025年达到48.6万亿GB，届时我国将成为全球第一。数据作为继土地、劳动力和资本之后的第四个关键生产要素，已成为全球竞争的重要战略资源，为我国构筑发展新优势带来重要机遇。

2019年11月，十九届四中全会上，中央层面首次正式提出数据可作为生产要素按贡献参与分配，能解放和发展社会生产力，在推动经济高质量发展具有重要的指导意义。2020年5月，李克强总理在政府工作报告中提到，推进要素市场化配置改革，培育技术和数据市场，激活各类要素潜能。当前数据资产化已成为社会各界的共识，数据产权界定、数据定价、数据交易规则等议题也成为行业热点，有理由相信我国数据将朝着资源化、资本化趋势快速推进实践。

5.2.4　借助新技术，智慧城市加快系统融合

新型智慧城市本身是一个复杂的巨系统，涉及城市的政务、经济、民生、生态等各领域的智能化、数字化、网络化平台设施系统建设，并借此产生显著的社会、经济和生态效益。高质量发展的新型智慧城市一定是一个高效集约、开放有序、整合融通的巨系统，为城市管理者、企业、机构和居民，最大限度地提供业务融合系统化的智慧服务。通过搭建覆盖全国、统筹利用、统一接入的数据共享大平台，全面加快各巨系统内信息数据资源跨层级、跨地域、跨系统、跨部门、跨业务协同管理与服务，实现资源整合和优化配置。

新技术融合让智慧城市"愿景"不断成为现实。大数据、云计算、物联网、人工智能、区块链、移动互联等信息技术的应用为智慧城市建设提供了全方位的支持。物联网

应用和移动互联实现了人、物间的万物互联，让信息交流、采集、传递和分享无处不在，改变了人民的日常生活、生产方式，为社会发展带来了新一轮的文化变革。大数据和云计算，让数据价值挖掘与分析成为可能，为城市管理和决策提供科学、精准的结论支撑。人工智能，让数据中深层次信息得以发现，实现更高层次的感知，让数据驱动、产业变革成为可能。区块链技术为数据溯源、验证、共享提供了重要的保障，让信息安全进入新的发展阶段。随着新技术的融合发展和应用，智慧城市的解决方案将不断得到优化和提升，为城市的经济、社会发展带来新的变化、新的活力、新的体验。

5.2.5　抓住"新型基础设施契机"，提升城市能级

新基建范围是："新型基础设施是以新发展理念为引领，以技术创新为驱动，以信息网络为基础，面向高质量发展需要，提供数字转型、智能升级、融合创新等服务的基础设施体系"。

新基建作为重要的投资方向，在"国内国际双循环相互促进的新发展格局"下，短期内将有效拉动经济、稳增长、稳就业，长期内将促进战略新型产业快速发展，是助推我国高质量发展的新动能，也是我国经济社会稳定增长的重要支撑。

"新基建"概念一经提出就得到了全国多个省市的快速响应，截至目前已有23个省市提出"新基建"相关政策方案。浙江省获批首个新型互联网交换中心，将推进高性能计算中心的建设和行业应用；山东省提出推进新基建和传统基建数字化升级的时间表和路线图；北京市提出"新网络、新要素、新生态、新平台、新应用、新安全"六大方向。"新基建"作为数字经济的基础保障，将在"十四五"期间掀起一轮建设高潮。

5.3　推动新型智慧城市高质量发展

5.3.1　坚持全局谋划，顶层指引

当前是我国全面开启社会主义现代化强国建设新征程的重要机遇期。地方城市也热切

期盼国家层面能进一步加强统筹，出台新的顶层设计，统揽我国新型智慧城市发展蓝图；并持续开展新型智慧城市评价工作，对城市建设中存在的不足及时发现、及时引导、及时矫正。

在城市实践层面，在顶层指引上要形成标准规范、资金引导、分级分类三项抓手。一是应突出建设标准规范，完善标准体系的总体框架，形成全省（市）统一的推进机制和日常运行制度，着重优化在数据共享、安全防控、项目立项、系统融合等核心领域的管理和监督。二是以资金支持为抓手，统筹各类新型智慧城市的专项资金，形成统一的资金支持，对项目实施全局部署，优化资金使用效率，同时充分发挥政府资金的杠杆效益，加强对社会闲散资金的引导和吸纳，提高社会资本的投资效益。三是要坚持分级分类推进新型智慧城市建设，因地制宜、因城施策、因时而变，科学制定适应于自身发展需求的新型智慧城市建设目标和实施路径。

5.3.2　弥合鸿沟，推动城乡共享数字红利

贯彻落实2018年中央一号文件提出的"以乡村振兴促进城乡融合发展"的战略部署，加快新型智慧城市建设的向下延伸。近期，中央网信办、国家发展改革委等相关部委印发了《关于开展国家数字乡村试点工作的通知》《关于加快落实新型城镇化建设补短板强弱项工作 有序推进县城智慧化改造的通知》等系列文件，从政策导向上为加快县城数字化转型明确了主攻方向和转型重点，鼓励有序引导各地因地制宜推进数字化改造，有效应用数字赋能，支撑县城经济社会高质量发展。

在农村地区应聚集基层治理的创新。着力加快推动农村公共服务信息平台的建设，切实解决农民"办事难"的问题。加大对农业农村人口的在线教育和培训力度，提高农民稳定增加收入的能力。深入推进农村集体组织在协商、应急、治安综合治理等方面的信息化应用。充分发挥各类远程应用优势，做好老弱妇等重点留守人员的互助帮扶，最大限度避免农村衰落现象的出现。充分发挥数据的"桥梁"作用，弥合城乡发展鸿沟，让城乡公平共享数据红利。

5.3.3　强化创新驱动，充分释放数据价值

智慧城市核心价值的体现，关键在于数据价值的有效释放，能够形成集数据采集、系统融合、数据流通、数据分析、数据应用的完整闭环和高效的管理过程。过去十多年的快速发展中，智慧城市建设成功解决了数据价值"从无到有"的问题，面向高质量发展的新要求，新型智慧城市建设更多是要解决数据价值"从小到大"的问题，能够更加高效、更加公平、更加人性地解决城市发展需求。

实现数据价值的有效释放，从数据大国走向数据强国，应重点抓好四个方面：一是加快体制机制创新，在全国范围内推动政务数据上下贯通和横向联动，破解政务数据共享不足、数据联动应用难的顽疾，同时积极探索政务数据和第三方数据的高效融合，激活数据要素的乘数效应。二是建立健全数据要素市场体系。加快落实数据确权、边界划定、数据定价、数据交易准则、数据垄断监管等关键节点的建设，让数据如同其他要素一样规范有序地流通和交易。三是加强载体建设，培育数字经济增长新引擎。狠抓国家数字经济创新发展试验区建设，积极探索数据生产要素高效配置机制、加快构建数字经济新型生产关系、促进新一代信息技术与实体经济的深度融合，在一定时间内积累一批可复制、可推广的实践经验，在全国范围内加快推动数字经济的普及，培育壮大一批不同规模、不同类型的数字经济发展"新"增长点。四是抓住"新基建"契机，顺势做大、做强"数据资源"。信息基础设施，让城市感受能力得到提升，海量、精准、实时的数据信息被采集，数据来源进一步丰富。融合基础设施和创新基础设施，为数据接入、数据算力、数据算法提供了基本支撑，是繁荣数字经济发展的强大基石。

5.3.4　紧扣关键点，加快推进网络强国建设

围绕习近平总书记关于建设网络强国的讲话精神，应紧扣五项关键点：一是围绕数字经济发展，着力加强"硬件"升级，进一步加快网络基础设施的扩容增速，实现城乡一体化的全面普及。二是紧扣核心技术的自主创新，突破具有国际竞争力的关键核心技术，避免中兴、华为事件的再现，加快实施国产自主可控替代计划，建立安全可控的信息技术体系。三是顺应新时代趋势，加速信息经济向数字经济升级。加快开展国家层面

的数字经济"一号工程"，鼓励有优势、有基础的地区加快培育虚拟现实、量子技术、商用航空航天等未来产业，构建具有全球影响力的数字经济引擎。四是进一步强调网络安全问题对国家安全、社会稳定和人民群众切身利益的重要影响。加强关键信息基础设施的保护和监管，提升预警和应急能力；加快完善信息安全的相关法规制度和标准规范，加强安全管理和个人隐私保护；坚持做好网络安全企业和专业人才的培养，提升供给能力。五是构建网络空间命运共同体，积极参与国际治理。充分发挥各类平台的沟通协商作用，积极参与国际治理，不断提升国际规则制定的话语权，及时着力应对全球互联网发展的新挑战。

第三篇
未来应用与建设路径

- 新型基础设施建设
- 政务数据的开放与共享
- 智慧产业的发展
- BIM/CIM在建设工程全生命周期中的应用

第6章　新型基础设施建设

自金融危机以来，世界上大多数国家都提出各自的创新发展战略，美国、欧洲、东南亚国家的创新发展焦点主要围绕在数字经济、互联网、生物技术、新能源、高端制造等。在国家战略方面，新加坡的"智慧国计划"，德国的"工业4.0"，日本的"超智能社会"构想等都对如何更好地面向未来世界作出了整体应对计划，中国也提出了发展战略性新兴产业，"创新"占据核心地位。

6.1　新型基础设施基本情况

基础设施对经济社会发展起到重要支撑作用。进入互联网时代，新型基础设施建设将扮演更重要的角色。新型基础设施的核心特征是数字化、智能化赋能，将感知、传输、存储、计算、处理能力融为一体，包括云计算、物联网等新一代信息基础设施，也包括传统设施的智能化提升，即利用新技术改造交通、能源、水利、市政等传统基础设施。

6.1.1　内涵

根据国家发展改革委高技术司的最新解读[①]，新型基础设施是以新发展理念为引领，

---

① 2020年4月20日，国家发展改革委新闻发布会上，时任创新和高技术发展司司长伍浩发言。

以技术创新为驱动，以信息网络为基础，面向高质量发展需要，提供数字转型、智能升级、融合创新等服务的基础设施体系。主要包括以下三个方面内容：

一是信息基础设施，主要是指基于新一代信息技术的基础设施。比如，通信网络基础设施领域代表包括5G、物联网、工业互联网、卫星互联网等，新技术基础设施领域代表包括人工智能、云计算、区块链等。其中，中国5G商用部署已全面开展，商业化应用进入实践阶段。据工信部数据显示，截至2020年4月，全国已建成的5G基站超过25万个。截至2020年年底，中国已建成5G基站超过71.8万个，基本覆盖全国所有的地级以上城市。二是融合基础设施，这类设施通常基于对互联网、大数据、人工智能等技术进行深度应用，推动传统基础设施转型升级。三是创新基础设施，主要用于支持科学研究、技术研发的具有公益属性的基础设施。

随着信息技术发展，新型基础设施的内涵和外延也在持续演化。新基建的内涵是创新驱动而不是简单的投资拉动，用科技创新创造新需求，产生新的业态和新经济。发展新型基础设施，有利于支撑一系列科技创新实现快速产业化，将大力推动新的经济动能和传统实体经济的数字化转型，从而推动中国经济内生增长。

6.1.2　主要政策

国家高度重视新型基础设施建设有关工作。2018年中央经济工作会议上，习近平总书记围绕"促进形成强大国内市场"重点工作，提出要"加快5G商用步伐，加强人工智能、工业互联网、物联网等新型基础设施建设"。2019年7月，中共中央政治局会议针对下半年经济工作部署，提出要"加快推进信息网络等新型基础设施建设"。2020年4月召开的中共中央政治局会议明确提出，加强传统基础设施和新型基础设施投资，促进传统产业改造升级，扩大战略性新兴产业投资。

新基建有助于推动"数字中国"建设，实现新旧动能转换，拉动新一轮经济增长。在数字经济时代，新一代信息技术与实体经济正在加速走向深度融合。新基建将激发更多新需求，培育壮大数字化产业，促进产业结构高端化和产业体系现代化，推动产业链生态整体良性发展，对实体经济产生全面深度影响。应充分把握数字化、智能化融合发展机遇，实现中国智能经济高质量发展。

新基建支持提升区域未来发展核心竞争力。数字经济时代，空间发展加入了新的网络元素，传统地缘格局优势弱化，区域信息枢纽城市将具备更强的竞争力，这是推动全国经济高质量发展的重要支撑。建立物与物、物与人、物与网络的连接，充分利用新一代信息技术，推动区域高效发展。

新基建满足人民群众日益增长的美好生活需要。万物互联时代，线上线下融合趋势加速发展。此次新型冠状病毒肺炎疫情期间，众多在线教育、远程办公、线上诊疗等应用软件短时间内积累了大量用户，对数字经济发展起到了重要支撑作用。

6.2　新基建主要技术

6.2.1　人工智能

世界经济论坛创始人施瓦布在《第四次工业革命》一书中指出，第四次工业革命可能会驱动全球发展动能的新旧转换。人工智能则是推动第四次工业革命的代表性新技术。人工智能带动的数字化、智能化变革，其影响力有三个重要因素，即计算能力、算法和数据。中国在数据的规模方面具有突出优势，这对于需要大量数据训练的人工智能而言是极为关键的。

1.　全球发展大势

AlphaGo战胜李世石，将人工智能推到了大众面前，这一技术越来越受到社会各界的关注。在可预见的未来，人工智能将成为颠覆、革新传统行业的重要技术，人们习以为常的一些生活场景也将因为人工智能产生重大变化。无人驾驶汽车将充分释放人类通勤行为带来的时间损耗，远程医疗改变人们传统的就医行为，家庭机器人也将使得人们家庭内部活动组织行为发生调整。深度学习、机器学习、神经网络技术、自动驾驶等人工智能技术越来越为人们所知。

当前人工智能的发展除了得益于神经网络和深度学习算法方面的突破，还得益于计算力和大数据的发展，实现了从人工设计智能向大数据习得智能的转变。在可见的将来，随着人工智能应用的不断落地和深入，还将取得一系列突破性的进展和成果。纵观人工智能发展历程中的三次浪潮，有几个方面起到关键作用，并在后续发展态势中延续，因此，对于这些关键因素的分析，可以从一定程度上预测到人工智能技术和产品的前景与未来。

（1）计算力提升

随着人工智能技术研究的开展，其复杂度越来越高，需要基于大量的数学模型，构建一系列的理论体系，处理海量的数据，完成越来越多的运算才能达到目标，这都对计算机的计算能力提出很高的要求。人工智能第一次浪潮之后的低谷，从某种意义上来说，是受到了当时计算机技术、计算能力的约束。而在计算机技术快速进步的今天，高性能计算机能够承担非常复杂的运算，从而使很多人工智能的理论方法研究得到实际效果和数据反馈，推进了人工智能领域的快速发展。新的量子计算机将使人工智能技术的探索、产品的研究和落地应用，得到更为广阔的发展空间。

（2）技术门槛降低

传统的、经典的人工智能技术和产品，由于其专业性，都被局限在专业研究机构中，离普通大众比较遥远，导致人工智能第二次浪潮陷入低谷。2006年深度学习框架的提出，构建了一种较为通用的学习框架，只要将大量的数据输入系统中去，经过反复训练，即可获得较好的结果，这对于开发者和使用者来说，都不需要非常高深的人工智能专业理论和技术水平。这种变化，整体降低了人工智能研究和应用的技术门槛，使更多的企业和个人，都可以参与进来，使人工智能的需求不断涌现、产品不断丰富、影响力日益扩大，直接带来了人工智能的第三次繁荣的浪潮。

（3）技术应用广泛落地

所有的先进技术和成果，都需要被应用到具体的行业需求中，形成多种的产品，解决具体的问题，并在解决问题的过程中再反复地升级、更新并开展新的探索。人工智能技术也是一样，当越来越多的技术和产品直接应用到项目中，产生积极的应用效果，才能在真正意义上推动人工智能技术和产品的进一步快速发展。

2. 中国人工智能政策

人工智能作为新一轮产业革命的引擎，对促进技术创新、提升国家竞争力具有重要的作用。中国政府高度重视人工智能等新一代信息技术发展，作出了系列战略部署和行动计划。2017年，人工智能首次进入国务院总理的政府工作报告，被列为需要加快培育壮大的新兴战略产业之一。国务院印发《新一代人工智能发展规划》，是我国人工智能发展先发优势的纲领性文件，明确我国人工智能产业三步走战略目标，关注人工智能在城市治理、健康、交通等领域的应用。工信部发布的《促进新一代人工智能产业发展三年行动计划（2018—2020年）》，以新一代人工智能技术的产业化和集成应用为重点，推进人工智能和传统产业深度融合，发展高端智能产品，夯实核心基础，提升智能制造水平，完善公共支撑体系，加快网络强国建设，融入世界人工智能发展浪潮。

3. 人工智能技术在中国快速发展

人工智能的主要研究方向一般包括：一是生物特征识别类，主要是利用人体自身的生物特征作为识别内容，如人脸识别、指纹识别、虹膜识别、语音识别等，来实现身份认证的功能。二是其他内容识别类，主要是基于非人体生物特征来识别获取信息，包括印刷体文字识别、手写体文字识别、车牌识别等。三是视频分析处理类，基于对连续视频进行分析处理，以获取视频所包含的内容信息、事件信息，包括智能视频分析异常行为检测、交通事件检测等。四是知识分析理解类，包括知识提炼、总结分析、推理推导等功能，如语义理解、机器翻译、人机交互等。

2016年，人工智能上升为国家战略，受到的关注度持续提升，大量的社会资本和智力、数据资源的汇集驱动人工智能技术研究不断向前推进。中国人工智能行业市场规模总体处于快速增长阶段，相对成熟的应用技术主要包括语音类技术（包括语音识别、语音合成等）、计算机视觉（生物识别、图像识别、视频识别等）和自然语言处理类（机器翻译、文本挖掘等）。我国人工智能企业的应用技术计算机视觉占比最大，语音次之，基础算法和芯片占比偏小。计算机视觉是当前重点，未来基础算法和芯片将逐渐提升。

人工智能在行业应用上包括智能机器人、智能驾驶、无人机、VR/AR、大数据及数据服务以及各类垂直领域应用（简称"AI+"），人工智能在"AI+"和智能机器人的行业应用占比较高。2017年，科技部召开新一代人工智能发展规划暨重大科技项目启动会，提出依托阿里云公司建设城市大脑新一代人工智能开放创新平台。

6.2.2　区块链

近年来，美国、英国、日本以及联合国、国际货币基金组织等对区块链的研究关注越来越多，业界也涌现出很多的区块链企业。区块链技术被认为可能在全球范围引起新的产业和模式变革，全球主要国家都在加快布局区块链技术发展。区块链应用从金融科技领域延伸到物联网、智能制造、供应链管理等多个领域。

2020年4月，在由腾讯推出的《产业区块链》一书中，腾讯公司董事会主席马化腾指出，"区块链有助于数据这种新的生产要素被更合理地分享与分配，从而造福经济社会。区块链解决一系列问题的技术架构和独特方案，正在给数字化转型升级中的各行各业带来创新和启发。"要加快推动区块链技术和产业创新发展，积极推进区块链和经济社会融合发展。

1. 区块链定义与内涵

区块链（Blockchain）技术最初为人所知是伴随着比特币（Bitcoin）的出现。2008年，中本聪发表论文"比特币：一种点对点的电子现金系统"，首次提出比特币的概念，并明确了将使用区块链技术来帮助构建比特币的数据结构和交易体系。比特币是一种数字货币，也可理解成为在线支付系统，它利用加密技术实现资金交易，不需要再依赖于任何国家的中央银行。迄今为止，比特币是区块链技术最成功、最成熟的应用案例。

随着对区块链技术的认识加深，人们更多地将其看作一种独立的技术，在比特币之外，区块链技术还将有着更加广泛的应用空间。区块链根据应用场景和设计体系的不同可以分为公有链、联盟链、专有链。

区块链自诞生以来，不同领域的专家对其进行了不同的界定。对于描述其特征的几个关键词，各界存在共识，即：去中心化，不可篡改，分布式共享等。基于以上特征，区块链能创建永久、透明的交易记录，从而显著降低交易成本。由此参与交易的个体能够获得更大的自主性，传统的公司组织形态可能会面临变革，最终也许会演变成为自我管理的合作型网络。

2. 政策

2019年10月24日，中共中央政治局就区块链技术发展现状和趋势进行第十八次集体学习。中共中央总书记习近平在主持学习时强调，"区块链技术的集成应用在新的技术革新和产业变革中起着重要作用。我们要把区块链作为核心技术自主创新的重要突破口……加快推动区块链技术和产业创新发展。"2020年4月20日，在国家发展改革委举行的新闻发布会上，区块链被列为新型基础设施中的信息基础设施。

早于2016年12月，中国首次将区块链技术作为战略性前沿技术列入《"十三五"国家信息化规划》，明确提出需加强区块链等新技术的创新、试验和应用，以实现抢占新一代信息技术主导权。2017年6月，中国人民银行印发了《中国金融业信息技术"十三五"发展规划》，明确提出积极推进区块链、人工智能等新技术应用研究，并组织进行国家数字货币的试点。2017年10月，工信部发布《中国区块链技术和应用发展白皮书》，首个落地的区块链官方指导文件出台。2018年6月，工信部就全国区块链和分布式记账技术标准化技术委员会的筹建方案广泛征集不同意见，并在北京召开区块链与数据治理高端研讨会。

随着国务院、国家互联网信息办公室、工信部、教育部等纷纷出台区块链有关政策及规定，北京、上海、广州、吉林、辽宁、海南等地也先后发布区块链发展政策、规划及实施意见，重点围绕区块链产业发展、自主研发以及在政务、文化旅游、交通出行、商业零售、医疗卫生等不同领域的创新应用。以区块链为主题的行业协会、联盟组织也陆续成立。2019年10月，国家信息中心、中国移动、中国银联等机构正式发布区块链服务网络（BSN），作为面向全球区块链应用提供服务的国家基础网络服务设施，自2020年4月25日进入全球商用阶段。

3. 区块链在智慧城市领域的应用

区块链技术及具体应用已延伸到物联网、智能制造、媒体、金融、物流等多个领域。从设备制造到产业应用，区块链产业发展逐步完善。我国区块链产业链条从最基础的硬件设施制造、软件集成平台，到面向大众的应用服务，以及支撑区块链产业健康发展的专业化服务，产业布局已基本完备，形成协同有序的发展格局，为企业降低交易成本、促进供应链创新、跨主体信任提供可能，进而共同推动整个行业不断前行。

区块链对于物联网技术是重要支撑。物联网时代，大部分设备将连接到云端网络。设备与设备可以直接通信，作出简单的自主决策，以实现设备自我运行和维护。传统的物联网模式是由一个数据中心负责收集各个设备信息，这种方式在运行方面存在缺陷。区块链则能够实现去中心化，以分布式云网络的方式连接设备，用于促进交易的处理和交互设备间的协调。

区块链对于推动城市治理现代化也是重要技术革新。社会治理应用数字化技术，打造去中心化的数字社会体系。区块链技术不仅在产业组织、金融服务、医疗卫生、文化娱乐和制造业等经济领域可以实现技术变革和效率变革，为构建现代化城市治理体系也可作出重要贡献。在构建公民信任方面，通过开放透明的协作平台，降低政府与民众沟通成本，提升治理效率。

6.2.3　物联网

物联网是新型智慧城市建设的重要网络支撑，被国务院列为我国重点规划的战略性新兴产业之一，成为新一轮科技革命与产业变革的核心驱动力量。物联网的核心在于实现人与人、人与物、物与物之间的互联互通，并由此改变传统产业形态和生产生活方式，融合农业、医疗、交通、安防等众多领域，形成充分互联、全面感知、可靠传递、智能处理的完整新生态。

1.　政策支持

国家积极营造物联网产业发展环境。从"中国制造2025"到"互联网+"，都离不开物联网的支撑。工信部发布了《物联网发展规划（2016—2020年）》，提出到2020年，具有国际竞争力的物联网产业体系基本形成，包含感知制造、网络传输、智能信息服务在内的总体产业规模突破1.5万亿元，智能信息服务的比重大幅提升，推进物联网感知设施规划布局，公众网络M2M连接数突破17亿。物联网技术研发水平和创新能力显著提高，适应产业发展的标准体系初步形成，物联网规模应用不断拓展，泛在安全的物联网体系基本成型。随着国家战略的推进，以及云计算、大数据等技术和市场的驱动，我国物联网市场的需求不断被激发，物联网产业呈现出蓬勃生机。

2. 发展现状

近年来在"中国制造2025"的带动下，中国物联网产业发展取得快速发展。阿里巴巴、腾讯、百度等互联网企业大力发展物联网平台服务，在吸引全球伙伴、构建合作生态方面建立了诸多优势。阿里巴巴成为全球储量最大的智能硬件平台之一，百度在工业物联网领域形成一批解决方案，腾讯积极推动消费领域的智能产品和解决方案研发进程。

3. 智慧城市应用

新型智慧城市领域是物联网行业应用热点，包括窄带物联设施、道路监控、智慧停车、智能音箱、健康监测等。特别是在智能家居领域，应用前景十分广阔。得益于技术发展成熟以及规模化生产带来的价格下降，智能家居产品给生活带来的便捷体验越来越得到消费者的认可，处于爆发式增长阶段。

6.3　新基建在智慧城市中的应用场景

新型智慧城市建设将依赖5G网络、人工智能、区块链等新技术发展，这些前沿技术不仅支撑并推动了新型基础设施建设，对于新型智慧城市的核心应用场景也起到重要作用。

6.3.1　城市大脑

习近平总书记在浙江宁波考察时指出，"运用大数据、云计算、区块链、人工智能等前沿技术推动城市管理手段、管理模式、管理理念创新，从数字化到智能化再到智慧化，让城市更聪明一些、更智慧一些，是推动城市治理体系和治理能力现代化的必由之路，前景广阔。"

新型智慧城市建设以"城市大脑"为核心，城市大脑将链接城市政府、行业、居民信息，并通过数据交互、分析、决策过程来重构城市服务体系，优化配置城市各项资源。

城市大脑建设将推动新一代信息技术在政务服务、经济运行、环境保护、市场监管、基层社会治理、安全防控等领域的进一步深度融合应用，有效提升城市治理智慧化水平。城市大脑作为智慧城市的管理运营中枢，5G网络建设将有效提升城市大脑的数据获取速率及信息分析能力。

6.3.2　大数据中心

根据国家发展改革委在2020年全国两会期间发布的《关于2019年国民经济和社会发展计划执行情况与2020年国民经济和社会发展计划草案的报告》，计划出台推动新型基础设施建设的相关政策文件，推进5G、物联网、车联网、工业互联网、人工智能、一体化大数据中心等新型基础设施投资。其中明确提出要"实施全国一体化大数据中心建设重大工程，布局10个左右区域级数据中心集群和智能计算中心。推进身份认证和电子证照、电子发票等应用基础设施建设。"

中国大数据产业发展较快，基于大数据的技术创新和商业模式十分活跃，近几年催生了一大批新技术、新应用、新模式、新业态，对经济社会发展有显著驱动作用。建设全国一体化的大数据中心可以更好地实现数据融合，为未来创新发展奠定基础。

建设覆盖全国的大数据中心，将推动数据集中和共享，促进技术融合、业务融合、数据融合，引导大数据基础设施向绿色集约、规模适度、高速互联的方向发展，实现跨层级、跨区域、跨系统、跨部门、跨业务的协同管理和服务。

6.3.3　智慧城市群

城市群作为推动经济全面增长、促进区域协调发展的重要平台，对于充分利用大数据、人工智能、区块链等新一代信息技术，搭建都市圈现代化协同联动治理平台，积极推动提升跨区域城市治理能力具有重要意义。

推动智慧城市群建设，以信息化手段大力推进区域战略一体化进程，建立支撑全局的发展目标，促进城市群中各个节点城市间建立稳定、高效、互利、共赢的发展合作机制。城市群覆盖的城市众多，跨城市、跨地区、跨行业、跨领域的发展特征尤为明显，城市各自不同的定位和资源禀赋也使得重点发展领域存在差异。智慧城市群的发展应注重从技术角度更好地构建区域协调合作、利益共享机制。

粤港澳智慧城市群建设，正在打造引领高质量发展的重要动力源。2019年2月，中共中央、国务院印发了《粤港澳大湾区发展规划纲要》，5月，广东省委、省政府发布具体实施意见。纲要及意见指出，推进新型智慧城市试点示范和珠三角国家大数据综合试验区建设，加强粤港澳智慧城市合作，探索建立统一标准，开放数据端口，建设互通的公共应用平台，建设全面覆盖、泛在互联的智能感知网络以及智慧城市时空信息云平台、空间信息服务平台等信息基础设施，大力发展智慧交通、智慧能源、智慧市政、智慧社区。推进电子签名证书互认工作，推广电子签名互认证书在公共服务、金融、商贸等领域应用。共同推动大湾区电子支付系统互联互通。增强通信企业服务能力，多措并举实现通信资费合理下降，推动降低粤港澳手机长途和漫游费，并积极开展取消粤港澳手机长途和漫游费的可行性研究，为智慧城市建设提供基础支撑。

长三角贡献了全国近四分之一的经济总量，民营经济高度发达，开放创新能力极强，长三角智慧城市群建设对推动新经济特别是带动中部地区崛起具有重大意义。2019年5月20日至22日，中共中央总书记、国家主席、中央军委主席习近平在江西考察，主持召开推动中部地区崛起工作座谈会并发表重要讲话，就做好中部地区崛起工作提出 8 点意见，包括推动制造业高质量发展，主动融入新一轮科技和产业革命；提高关键领域自主创新能力，推动科技成果转化和产业化，加快研发具有自主知识产权的核心技术；积极承接新兴产业布局和转移，加强同东部沿海和国际上相关地区的对接，吸引承接一批先进制造业企业；扩大高水平开放，把握机遇积极参与"一带一路"国际合作；坚持绿色发展，开展生态保护和修复，强化环境建设和治理；做好民生领域重点工作，创造更多就业岗位等。

6.3.4　智慧社区

智慧社区构建以企业发展和居民需求为核心出发点，通过应用智能技术，丰富社区生活场景。智慧社区，是以智能服务、创新创意、开放共享、协同整合、绿色宜居为主要特征的智慧城市重要组成部分。

社区智慧中心把后台的人工智能、物联网、大数据系统直接转向前台，面向社会各类服务的同时也使社区居民更好地参与到社区管理，通过鼓励"大众智慧"、市民参与，使社区治理更加智能高效，使居民更有获得感和参与感。在社区管理方面，社区智慧中心可以实现区域日常运行体征的实时监控、日常公共事件的协调以及紧急情况下的应急指挥。在居民服务方面，通过基于运营商及手机定位等移动端功能，通过拍照图像和视频替代传统的语音上报，能够及时解决在社区内任何角落可能出现的突发性问题，并实现从发现问题上报到跟踪问题处理进度查询。

为更好地提升社区居民生活幸福感，智慧社区应提供安全、舒适、便利的现代化、智慧化生活环境，涉及智能家居、智慧医疗、智慧交通、智慧家庭、智慧教育等诸多领域。提供智慧医疗服务，发展远程医疗应用和检测体系，使社区内医院与全国的优质医疗资源实现远程互通。发展居家养老，构建安全便捷的智慧化养老社会化服务体系。提供智慧教育服务，充分利用互联网平台提升人才培养能力，实现与新经济和新技术相关的教学方法改革，构建包含智能学习、交互式学习的新型教育体系。在智慧安防方面，加强对重点公共区域安防设备的智能化建设改造，集成创新多种探测传感技术、视频图像信息分析识别技术、生物特征识别技术的智能安防产品，构建公共安全智能化监测预警平台，保障社区安全。

第7章　政务数据的开放与共享

当今信息时代，数据资源是重要的战略资源，对数据的采集、储存、分析能力将越来越多地直接影响到国家层面的竞争力。研究新型智慧城市建设必须关注大数据分析。政府拥有的政务数据作为最大规模的数据来源之一，涉及社会经济发展方方面面，数据质量较高，潜在价值很大，对新型智慧城市健康发展具有重要意义。大数据让政府服务变得更"聪明"，要通过提升政务数据综合运用能力，推动形成"用数据说话、用数据决策、用数据管理、用数据创新"的城市管理新方式，有效提高政府治理能力，积极推动新型智慧城市建设。

7.1　政务数据研究的重要性

推动政务数据开放共享符合时代发展趋势。一方面，城市问题更趋复杂，部门之间边界愈加模糊，在很多场景下，部门协同合作越来越普遍，部门之间的数据共享共用必不可少。另一方面，互联网的快速发展给公民提供了积极参与城市治理的平台，自下而上的自我管理是整体发展趋势，社会力量将更加广泛地参与到城市治理之中，而这也需要政府将更多政务数据开放给公众。

同时，数据开放共享的前提一定是基于"高筑墙"，即数据安全和隐私保护，要充分做好安全架构，夯实信息保护机制。随着人类活动向数字化转型，信息安全对一个国家来说变得更加至关重要。基于无数力量与心血汇聚的大量数据资源，如果因为安全问题而流失，必将带来重大损失。信息安全与如何更好地开放，从来都是一枚硬币的两面，只求安全、不去开放，数据失去了价值和意义，成为积灰的摆设；只要开放、不讲安全，数据失去了存在之根本，可能会对国家和人民利益造成损失。

7.2　政务数据的发展现状

7.2.1　政务数据内涵解析

"大数据"一词，最早是由美国著名未来学家托夫勒（Alvin Toffler）在20世纪80年代出版的《第三次浪潮》这本书中提出。在国内真正开始广泛使用和传播则是在2010年之后。顾名思义，大数据即是海量数据的意思，是大规模的数据资源集合。大数据发展需要整合各种数据，政务数据则是其中不可缺少的一部分。

从广义的理解来看，信息是经过加工处理后的数据，"政务数据"也可称为"政府数据"，其所含内容比"政府信息资源""政府信息""政务信息"更为宽泛。《国务院关于印发政务信息资源共享管理暂行办法的通知》（国发〔2016〕51号）对政务信息资源给予明确定义，即"政务部门在履行职责过程中制作或获取的，以一定形式记录、保存的文件、资料、图表和数据等各类信息资源，包括政务部门直接或通过第三方依法采集的、依法授权管理的和因履行职责需要依托政务信息系统形成的信息资源等"。

简单来说，政务数据是指政府业务领域的相关数据，是大数据的重要组成部分，包括政府有权力采集汇总的信息，如财政税收、户籍信息、各产业生产总值等，还包括政府开展相关事业及服务产生的数据，比如城市建设、社会保障、公共安全等。本书中，"政务数据开放"更多的是指政府部门和事业单位等公共机构向社会公众开放数据，而"政务数据共享"则强调政府内各部门之间共享数据。

7.2.2　国内政策

近年来，随着大数据发展越来越受社会各界关注，我国政府高度重视大数据在经济社会发展中的作用，党的十八届五中全会提出"实施国家大数据战略"，国家密集出台政务数据领域的政策文件。2015年，国务院印发《促进大数据发展行动纲要》（国发〔2015〕50号），提出"加快政府数据开放共享，推动资源整合，提升治理能力"，全面推进大数据发展，加快建设数据强国。为推动纲要的落地实施，2016年9月，国务院印发《政务信息资源共享管理暂行办法》（国发〔2016〕51号），对政务信息资源的定义、共享原则、分类与要求等作出明确规定，为政务信息资源共享与整合工作提供了制度保障。同年12月，工信部印发的《大数据产业发展规划（2016—2020年）》，指出"数据是国家基础性战略资源"，要求推动数据资源开放共享与信息流通。

2017年2月，中央全面深化改革领导小组第三十二次会议通过了《关于推进公共信息资源开放的若干意见》，要求推进公共信息资源开放，进一步强化信息资源深度整合，促进信息惠民，发挥数据大国、大市场优势。5月，国务院办公厅印发《政务信息系统整合共享实施方案》（国办发〔2017〕39号），全面部署政务信息系统整合共享工作。7月，国家发展改革委、中央网信办联合发布《政务信息资源目录编制指南（试行）》，对政务信息资源目录的编制和管理提供了指导性原则。2018年1月，中央网信办、国家发展改革委、工业和信息化部联合印发《公共信息资源开放试点工作方案》，确定在北京、上海、浙江、福建、贵州开展公共信息资源开放试点，要求在建立统一开放平台、明确开放范围、提高数据质量、促进数据利用、建立完善制度规范和加强安全保障探索经验。

浙江、广东、贵州、北京等省市也相继出台了关于数据开放共享的指导意见及政策法规。其中，上海市早在2012年就率先探索公共数据资源开放工作，2018年9月，《上海市公共数据和一网通办管理办法》（沪府令9号）颁布施行，明确了上海市公共数据开放工作的总体要求。2019年8月，上海市政府审议通过《上海市公共数据开放暂行办法》，是国内首部针对公共数据开放进行专门立法的政府规章，对公共数据开放的管理体制、长效机制、开放平台、合法利用、多元开放、监督保障进行了详细说明。

7.2.3　全球政务数据开放情况

从全球范围来看，政务数据开放共享是国际社会推动和努力的方向。2011年，英国、美国、巴西、印度尼西亚、墨西哥、挪威、菲律宾、南非八个国家签署了《开放数据声明》，开放政府合作伙伴（简称OGP）宣告成立。截至2020年5月，OGP的成员包括78个国家、20个地方政府以及数以千计的社会组织，OGP已经发展成为世界上影响范围最为广泛的开放政府组织。2013年，八国集团共同签署《G8开放数据宪章》，承诺积极推动政务数据开放，这一协议也成为世界各国和地区开放数据的重要依据和原则。

英国政府在数据开放方面走在世界前列。2009年，即推行"让公共数据公开"的倡导计划。2010年1月，正式发布数据信息网站（Data.gov.uk），该网站不仅提供政府部门公共管理领域的数据信息，而且还提供社会公民与民间组织上传的各种数据信息。2012年，英国政府成立了数据开放研究所（The Open Data Institute，简称ODI），是世界上首个专注于研究开放数据的非营利机构。

英国城市在政务数据开放领域也颇有建树。大伦敦市政府（GLA）在十几年前即建立伦敦开放数据网站，向公众开放数据检索及下载功能。英国西南部第一大城市布里斯托市，是英国首个物联网开放性测试地，布里斯托市建立了名为"开放的布里斯托"（Bristol Is Open）的数据共享分析平台，发挥城市数据运营中心的职能，通过高速网络设施，链接全市物联网设备，收集天气、能源、交通等城市公共信息并开放给公众。

新加坡是全世界最早推行"政府信息化"的国家之一，分别于2006年、2014年提出"智慧国2015""智慧国2025"计划，并提出统筹建立智慧国家平台（SNP）的构想。新加坡致力于打造覆盖全国的数据连接、收集和分析的操作系统，通过大数据分析处理提升国家的整体运行效率。同时，新加坡政府积极完善行政流程、强化资源整合，不断推动管理模式升级，比如新加坡资讯通信发展管理局（IDA）推出一站式移动服务平台（mGov@G），优化政务服务流程。

7.3　推动政务数据内部共享

随着大数据技术与各类政务应用的日趋完善，大数据与数字化管理时代已经到来，政务数据资源将发挥越来越重要的价值，政府内部数据资源共享协同的意义进一步突显。政务数据的共享共用主要指政府部门之间的数据共享，如跨部门间的数据共享、跨地区的数据共享、地方与中央的数据共享等方面的内容。

7.3.1　发展现状

基于网站资料收集，研究团队梳理全国政务信息资源整合共享情况。总体而言，存在整体建设进展缓慢的问题，数据共享质量有很大提升空间，政务信息共享建设水平有待进一步提高。

7.3.2　政务数据共享意义

1. 政务数据共享提升政府工作效率

加强跨地区、跨部门、跨层级的数据互联和信息共享，发挥信息共享支撑多部门协同服务的作用，有助于实现"一号一窗一网"的目标，即：群众办事"一号"申请，避免重复提交办事材料、证明和证件；公共服务事项"一窗"受理，推动公共服务的就近办理、同城通办、异地办理；多渠道服务"一网"通办，大幅提高公共服务的便捷性。

政务数据资源整合，打造一站式服务，让民众"少费事、少跑腿"，最大限度地避免部门之间各自为政。推动数据融合、业务融合、技术融合，消除数据孤岛，打通信息壁垒，形成统一接入、统筹利用、覆盖全国的数据共享平台，打造全国信息资源共享体系，实现跨地域、跨部门、跨层级、跨业务、跨系统的集成服务与协同管理。

2. 政务数据共享推动城市精准治理

发挥互联网平台的动力引擎作用，将政务大数据分析应用引入城市管理，推动城市改变传统管理方式，打破科层制组织模式和条块管理体制，破除行业利益藩篱，建立"用数据说话、用数据决策、用数据管理、用数据创新"的管理机制和智慧化的城市管理体系，实现基于数据的科学决策。推动政府管理理念和社会治理模式创新，提高治理决策精细化和科学化水平。

3. 政务数据共享提升惠民服务

通过推进部门间信息共享和业务协同，打破信息孤岛。简化群众办事环节、优化政府服务效能、畅通公共服务渠道。围绕老百姓教育、医疗、社区、养老实际需求，将公共服务拓展延伸到网上，构建一体化在线服务平台，变"群众跑腿"为"信息跑路"，变"群众来回跑"为"部门协同办"，变"被动服务"为"主动服务"，构建方便快捷、公平普惠、优质高效的公共服务信息体系，不断提升公共服务水平和群众满意度。

7.3.3　政务数据共享面临的挑战

从我国政务数据共享实践现状来看，政务数据共享仍存在部门协作不足、组织机构不健全、管理制度不完善、评估体系不完备、技术标准不统一等问题，部分地方在工作推进过程中由于重建设轻运维、重硬件轻软件等因素导致出现数据孤岛、数据利用不充分、数据共享不全面等一系列问题。虽然各地在政务大数据建设方面付出了诸多努力，但实际获得效果却未达到预期。

1. 政务数据跨部门协作不足

政务数据共享是系统工程，需要建立健全统一、完善的体制机制，提供制度和管理上的支撑。政务部门纵向从属关系明确，而横向协同关系相对薄弱，政务信息资源纵向自上而下流转比较顺畅，横向共享困难。

国内各城市普遍没有建立统一的政务数据决策管理体系，组织机构不健全造成协同困难，存在多个部门多头管理现象，且各部门之间权责不明，权力分散，导致政务数据资源分散，政府部门间甚至部门内部大量存在的信息烟囱和信息孤岛，使得政务数据整体共享程度较低。

各部门因行政职能需求采集、整理的政务数据与其职权密切相关，政务数据资源整合共享，会触动原有体制下的部门核心利益，数据信息安全一旦无法保障又面临问责处罚。因而，各部门往往对数据的共享存在抵触情绪，没有积极性和主动性与其他部门分享资源。很多城市推进政务数据共享主要是通过行政命令下达要求，一些部门对数据权限开放采取保守谨慎态度，对数据权限的确认随着行政命令的强弱而变化，不具有稳定性。

2. 管理制度对于实际操作指导不足

我国关于政务数据共享的管理制度仍不完善，有关数据安全保密的法律法规有待健全，关于数据共享的权限界定也有待进一步明确。国家发布的《中华人民共和国政府信息公开条例》《政务信息资源目录编制指南（试行）》等文件对于共享的数据是否涉及国家安全、商业秘密、个人隐私等尚未给予明确界定标准，对数据共享方式及更新频率等也没有具体说明，在实际工作中难以把握界限。

3. 评估体系有待进一步完善

从各地推进政务信息资源整合共享的官方公布信息来看，对于政务数据共享工作开展情况很少进行评估考核，政务数据共享工作缺乏统筹协调机制，执行部门推进此项工作的激励不足，难以通过以评促建、以评促改、以评促管、以评促发展的方式实现长效发展。

7.4 政务数据开放

2017年12月，李克强总理在国务院常务会议上强调"政务数据服务是政府应该提供的公共服务"。政务数据对社会各界开放具有积极意义，充分体现"数据赋能"优势。应进一步挖掘政务数据的价值，成为全社会共享资源。北京、深圳、上海等城市都建立了专门的政务数据开放网站，社会各界可以下载城市政府非涉密数据，基于数据开展各项具体分析，有力提升数据开发利用价值。

7.4.1 发展现状[①]

截至2019年3月，选取9个省级行政单位、12个省会城市及计划单列市开展研究。通

---

① 资料来源：北京时代远景信息技术研究院，政务大数据在新型智慧城市中的科学应用研究——城市政务数据资源开放开发的视角，数据截至2019年3月。

过对政务数据开放平台数据集的数量、数据格式、数据质量、数据使用情况、应用数量、应用使用情况等方面进行调研分析，研究发现国内当前政务数据开放开发呈现开放数据量大但数据质量偏低的现状。

从开放数据集来看，山东省政府数据开放平台开放数据集数量最多，达到33163个，其次为广东、贵阳、青岛、武汉、上海、贵州、济南、广州、北京、深圳、哈尔滨等省市，达到1000个以上，剩余的地区开放数据集数量不足1000个。从整体规模来看各平台平均开放数据集数量为2741个，整体开放数据集数量已经具有一定规模，但是标准差达到6870.4，不同平台间开放数据集数量差距较大，如数据集最多与最少相差为33149个。部分地区数据集开放数量总体偏少，如海南、江西、宁夏等地数据集开放量不足200个（图7-1）。

从覆盖主题来看，《促进大数据发展行动纲要》指出要优先推动信用、交通、医疗、卫生、就业、社保、地理、文化、教育、科技、资源、农业、环境、安监、金融、质量、统计、气象、海洋、企业登记监管等民生保障服务相关领域的政府数据集向社会开放。在主题覆盖情况上，目前各地平台上开放数据集以科技、交通、环境、教育、卫生和文化领域主题数据为主，相比之下地理、海洋、质量、统计和气象等主题数据覆盖较少（图7-2）。

不同地方平台的主题覆盖情况不一，山东、济南和青岛的开放数据集主题覆盖率最高达到了100%，厦门、南京、成都、浙江、贵州、贵阳、广州、北京和武汉的政府部门开放的数据集主题覆盖率也达到了60%以上（图7-3）。

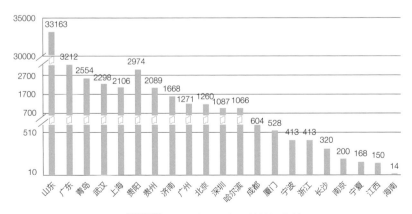

图7-1　部分地区平台开放数据集数量

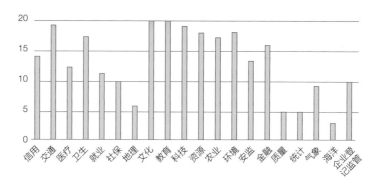

图7-2　开放数据集各类主题覆盖情况

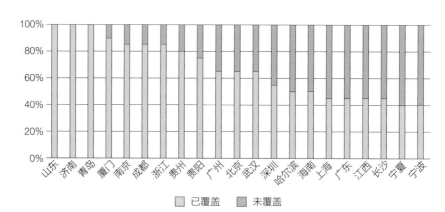

图7-3　部分地区平台主题覆盖情况

从开放数据质量来看，总体优质数据偏少。优质数据指的是数据量大，社会需求高质量的数据集。根据《2018中国地方政府数据开放报告》[①]研究结果显示，在对各平台上所有可下载的数据集按照数据容量进行排序后，在数据容量相同的情况下再按照下载量排序，最终选出排名居于前1%的数据集作为优质数据集。贵阳、贵州、哈尔滨、上海、广东、广州、宁波、青岛、长沙、北京、浙江等平台上共发现了124个优质数据集，其分布状况如图7-4所示。仅有37.0%的平台具有优质的数据集。主要体现的数据集为广州的上市主体个体年报基本信息、黑龙江省统一药品信息、贵州省工程-投标人名单、哈尔滨市个体基本信息、贵阳市城镇居民医疗保险药品目录、哈尔滨市商事主体个

---

① 由复旦大学联合提升政府治理能力大数据应用技术国家工程实验室、国家信息中心数字中国研究院发布。

体年报基本信息等。

　　从应用的数量情况来看，已经有上海、广东、武汉、山东、北京等19地开始基于政务数据开放平台探索政务开放数据的应用。具体数据应用方式主要是制作成移动App或者微信服务号，整合多种数据，为用户提供各类服务。从调研情况来看，各类政务数据开放相关网站平台汇集了464个相关的应用，其中上海应用数量最多，达到89个，其次为广东81个，其后为武汉市54个，其他地区应用数量不大，均在50个以下。从各地开放数据应用的平均数量来看，平均值为22.1，整体数量不高（图7-5）。

　　其中民政民生类、交通地理类应用数量具有突出的优势，分别达到了172和82，占

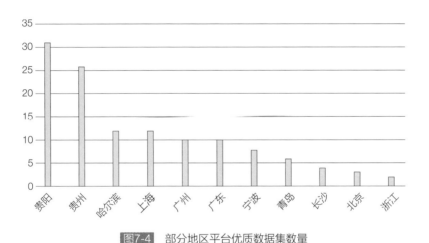

图7-4　部分地区平台优质数据集数量

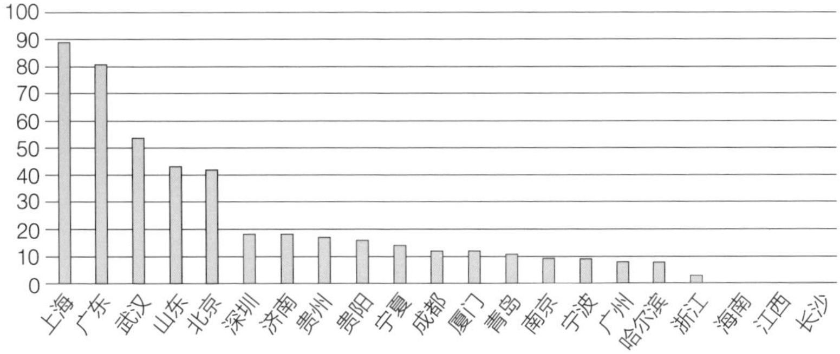

图7-5　部分地区政务数据开放应用数量对比分析

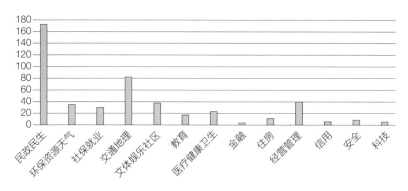

图7-6　典型主题领域的数据应用数量情况

据全部应用数量的54.7%，这两个领域成为当前政务数据开放开发的重点。其次经营管理类、环保资源天气、社保就业、文娱社区类以及医疗健康卫生类应用数量占据第二梯队，均达到20个以上，占据全部应用量的35.8%，教育、金融、住房、信用、安全以及科技类应用数量相对较少，均不足20个。应用的推广和使用方面，上海、北京、深圳、贵州、青岛等地明显较其他地域受众面广，体现在关注度、下载量等一系列指标，如贵州黔通途App下载量达到3930人次，上海空气质量下载量达到5285人次等，与此相反部分地区平台显示相关App使用量不超过10次，甚至有0使用的情况（图7-6）。

7.4.2　政务数据开放意义

1. 政务数据开放有助于提升社会创新能力

政务数据开放有助于构建创新生态，具有深远的社会影响。创新型国家极具竞争力，可以不断更新迭代，保持发展优势。政府数据开放提供的信息资源，经过创造性分析、应用，产生新的产品和服务，公众自下而上提供使用反馈，促进产品服务进一步优化，数据开发者也将更精准地界定数据需求，进一步推动政务数据开放，这即形成了良性循环。

政务数据开放以相对较低的成本鼓励社会各界探索新的商业可能性，激发市场活力，促进多元协同，支持政企合作。同时，降低了中小企业的进入门槛，有助于塑造多元化、有活力的市场经济。政府通过积极开放数据，引导社会各界开发多种多样的服务产品，从而为市民提供更加满意的公共服务。这不仅解决了公共服务供给不优的问题，同时创造了新的服务模式，还节省了政府资金，构建了政府和数据开发者之间的新型合作伙伴关系。

政务数据开放可以帮助识别创新创意的可行性，孵化创新产业，培育利于创新的社会氛围。上海市自2015年起连续举办开放数据创新应用大赛（简称SODA），分别以"城市出行""城市安全""城市治理"等为主题，吸引了众多参与者提交创新研发方案，集聚社会智慧，提升开放数据的社会化利用价值，打造创新生态体系，强化开放共享、合作创造的社会氛围。

2. 政务数据开放有助于推动公众参与城市治理

政务数据开放赋予了市民更多参与解决社会问题的途径，拓展了市民获取政府相关信息的渠道，增加了公众对于城市治理决策的了解。社会各界基于政务开放数据提出的创新思路和解决方案还有助于启发城市管理者如何更好地解决问题、拓展思维，从而有效提高决策的科学化、管理的精细化和服务的精准化。同时，市民自下而上积极参与，将有效提升政府透明度，增强政府廉洁能力，提高社会公众对政府的信任水平。

政府数据开放有利于促进市民参与公共事务，鼓励市民参与讨论、表达需求。开放协作的公共服务设计参与模式，增强了社会公众参与公共事务的热情和积极性，有助于市民更好地与政府建立合作关系。市民不再只是被动接受城市决策，而是可以更加主动地参与到公共服务供给的决策过程中，这也有助于更好地满足市民的个性化需求，提升市民幸福感和获得感。比如在城市规划工作中，需要充分了解市民对城市功能的具体需求，在尊重市民意愿的前提下，提供务实、精细化的城市规划服务。

3. 政务数据开放催生经济新业态

政务数据开放有助于创造新的商业模式，提高产品生产效率，提升服务质量。市场主体在用户体验、跨界协作、技术保障、融资模式、营销推广等方面更具有优势，在确保国家利益和用户隐私的前提下，将政务数据开放给市场主体进行开发利用，更能有效地充分挖掘数据价值。

随着人工智能、区块链技术的深入发展，政府数据在加强政府行政管理、促进大数据产业发展等方面将进一步发挥重要作用；同时，数据智能的应用也将带给政府行政管理以更多的创新、发展，并将进一步带来国家治理体系的深刻变革。

7.4.3　政务数据开放面临的挑战

国内政务数据开放工作处于起步阶段，政务数据开放体制机制不够成熟，对于数据标准、数据确权、数据追溯、数据标准等方面的政策规范仍需进一步明确，政务数据开发利用面临诸多难题和挑战。

1. 政务数据开放带来的安全隐私问题

当前我国个人数据保护法等有关法律尚在制定完善中，政府机构在对数据是否涉及个人隐私问题等方面缺乏明确的审查制度依据，在数据开放过程中存在个人隐私信息暴露的潜在问题。与发达国家相比，我国在政务数据开放领域也未成立专业管理机构，缺乏对已开放的数据进行审核监督的管理流程，存在公民数据安全风险隐患。

2. 政务数据开放模式不清晰

目前国内的政务数据开放处于探索初期，各地根据自己情况分别进行数据开放实践，没有形成权威、清晰的发展模式，对政务数据开放开发未来的发展路径不明确。在数据开放政策方面，国家层面及各地政府虽已建立宏观架构，但是对政务数据开放的内容范围、数据开放标准、数据授权许可等关键要素都没有明确的规范指引，使得业务部门在执行数据开放时面临标准不一、要求不明确等难题，推进数据开放工作难度大。

3. 政务数据分级分类体系不健全

分级分类是政务数据开放的前提，在明确数据层级、类别之后，才能确定哪些数据可以开放以及开放到什么程度。当前国内政务数据分级分类体系不健全，主要表现在标准缺失、数据集内容重复等。尽管国家和地方政务明确政务数据分级分类开放原则，但在具体执行层面缺乏统一的数据分级分类标准规范，使得各地各部门执行力度不一，尤其是作为数据分级分类基础的元数据的标准缺失，一些数据集的关键要素如更新频率、数据量、数据指标等不完善，使得开放数据质量大打折扣。

4. 政务数据开放形式单一

国内当前对政务数据开放的探索实践，普遍局限于数据开放平台的建设，其他数据开放形式考虑较少。在这种单一的开放模式下，由于执行标准缺失，开放数据质量不佳等原因，使得数据资源开发利用水平低下。同时，这种模式导致对市场需求和数据业务发展关注偏少，甚至将数据开放等同于开放平台，变成了"为开放而开放"的工作任务，缺乏创新活力以及产业变革影响力。

第8章　智慧产业的发展

全球新一轮科技革命极大地重塑着国际格局，信息技术是全球研发投入最为集中、创新最为活跃、辐射带动范围最大的领域，是引领新一轮变革的主导力量。信息通信技术的快速发展给产业带来了变革力量，智慧产业的发展布局可以适度超前，构建基于协作的创新生态体系，不断延伸和完整智能产业链条，提升经济发展活力。

8.1　智慧产业基本情况

当前，全球正在迎来新一轮科技革命和产业变革，这代表未来经济社会发展方向。各国都将智慧产业作为争夺的科技前沿与产业高地，中国也应积极把握新一代信息技术跨越式的发展机遇，着力推动智慧产业发展。

8.1.1　智慧产业内涵及分类

智慧产业作为以新技术为核心的新产业形态，对于未来经济社会发展起到重要变革作用。当前中国人才、技术、资本等要素配置持续优化，消费市场升级加快，新兴产业投资需求旺盛，部分产业国际化合作拓展加速，产业体系渐趋完备，市场空间日益广阔。

智慧产业是指信息化和各产业深度融合，充分发挥信息技术在降低成本、提升效率、跨越实体空间等方面的优势。广义的智慧产业包括对传统产业进行智能化改造升级，也包括新兴产业，如物联网、大数据、云计算等智力、技术密集型产业。

8.1.2　发展格局

当今时代，各国经济发展紧密相关。智能技术不仅能够促进世界经济融为一体，扩大产业发展范围，使产业在更大的空间内交流融合，也能够加速推进世界范围内的产业布局和结构升级。"一带一路"倡议推进深化了国际的产业合作与交流，优化了产业链的全球分工布局，促进了产业的集群发展，为中国产业的转型发展提供了有利契机。

以信息技术革命为中心的高新信息技术迅猛发展，信息经济繁荣程度成为国家实力的重要标志。信息技术的发展进入了新阶段，推动了产业的转型升级，催生了一大批新兴的智慧型产业，如物联网、云计算、大数据、人工智能、移动互联网、区块链、虚拟现实、机器人等新兴产业已经广泛渗透于经济社会各个领域，提高了社会劳动生产率和社会运行效率，成了新经济发展的主导方向。

在全球创新战略的背景下，中国也在不断推进实施"中国制造2025""互联网＋"行动等战略，以推动传统产业转型升级，持续激发生产模式、服务模式和商业模式创新，提升经济运行水平和效率。智慧产业迎来了高速发展新机遇，发展智慧产业成为实现社会主义现代化、国家治理体系和治理能力现代化的重要动力。

8.1.3　中国智慧产业发展背景

党的十九大报告提出了建设创新型国家、数字中国、智慧社会的战略目标，推进中国社会和经济向高质量发展。为实现此发展目标，必须充分运用物联网、互联网、云计算、大数据、人工智能等新一代信息技术，与传统行业全方位深度融合，以信息化方式广泛而深入地应用到经济发展、社会治理、公共服务等生产生活各个方面，促进产业智慧化。

第45次《中国互联网络发展状况统计报告》指出，截至2020年3月，我国网民规模为9.04亿，互联网普及率达64.5%。庞大的网民规模为数字经济发展打下了坚实的用户基础。我国网络购物用户规模达7.1亿，2019年交易规模达10.63万亿元。大数据、云计算、人工智能、共享经济等数字化新技术加速赋能产业发展。

智慧社会将引发产业变革并推动形成智慧城市、智慧产业规模式发展，智慧城市、智慧产业也将成为智慧社会的建设基础和强有力的支撑。智慧城市建设需要进一步夯实数字化基础，充分利用数字资源在城市发展和社会进步当中的关键性作用，为构建数字中国奠定坚实基础。

随着国家促进智慧城市、智慧产业发展各项政策和举措的落实，智慧城市、智慧产业保持了高速增长态势，已成为转变经济发展方式与社会发展方式的关键推动力。社会各方日益重视智慧城市的发展与带动效应，围绕产业链与价值链，聚焦高端人才与要素资源，积极打造智慧产业集群与创新高地。

8.2　智慧产业发展现状

截至2019年，全国已有500多座城市启动智慧城市建设，所有副省级以上城市、90%地级及以上城市均提出建设智慧城市。伴随着我国智慧城市快速发展，软件和信息技术服务产业、电子信息产业、电子信息制造业等产业迎来了蓬勃发展时期。在智慧城市、重点行业和企业持续快速增长的带动下，智慧产业增速稳步提升。

8.2.1　智慧产业政策环境

党的十九大报告指出，创新是引领发展的第一动力，提出要建设网络强国、数字中国、智慧社会，推动互联网、大数据、人工智能和实体经济深度融合，发展数字经济、共享经济，培育新增长点，形成新动能。党中央和国务院高度重视智慧产业等战略新兴产业的孕育孵化，相继出台了"中国制造2025""大众创业、万众创新""军民融合发展战略纲要"等重大举措，针对多项技术领域发布了《国务院关于积极推进"互联网+"行动的指导意见》《新一代人工智能发展规划》《大数据产业发展规划（2016—2020年）》《国务院关于促进云计算创新发展培育信息产业新业态的意见》等一系列政策文件。杭州、沈阳等地方政府针对各市的产业优势分别出台了《杭州信息经济智慧应用总体规划（2015—2020年）》《沈阳市智慧产业发展规划（2016—2020年）》等智慧产业政策，发展更适合本市的智慧产业。

8.2.2　智慧产业空间格局

我国智慧产业发展水平在空间分布上呈现不同，整体来看，东部地区智慧产业发展水平最高，比如京津冀的北京、天津，长三角的上海、江苏、浙江和珠三角的广东等省市在智慧产业发展方面保持较高水平。

东部地区领先优势明显。基于传统产业发展成熟、人才集聚、资本密集等优势，东部地区的智慧产业发展水平处于领先地位，特别是人工智能、大数据、云计算、区块链、智能制造等战略性新兴产业，领先优势明显。

8.2.3　智慧产业链条分析

从产业链角度来看，智慧产业上游主要是以芯片、设备等基础设施领域的产品和技术为主，目前国内企业上游技术相对薄弱，但也在积极布局，不断进行技术创新。中游主要是以面向智慧产业应用的平台和服务为主，大多通过系统架构的方法，采用相关算法及模型，充分融入云计算、大数据、人工智能等新技术，搭建面向政府、行业和公众的产业化服务平台，为用户对象提供系统解决方案和集成化的产品。下游主要以智慧城市、智慧交通、智慧物流等智慧产业的具体应用领域构成，相关企业充分利用自身的数据、技术、人才、资本、平台等优势，带动智慧产业发展。

8.3　智慧产业重点领域

智慧产业代表新一轮科技变革的方向，是培育发展新经济的重要抓手，对于新型智慧城市的健康可持续发展具有重要意义。智慧产业发展要以全球视野前瞻布局前沿技术研发，重点布局知识技术密集、成长潜力大、综合效益好的产业。同时智慧产业发展要有地方特色，鼓励各地结合自身发展条件，探索传统产业智慧化升级，推进智慧产业差别化、特色化协同发展。

8.3.1　云计算产业

在云计算产业领域，阿里云、腾讯云等为互联网企业代表，传统IT企业包括华为、新华三等，运营商以移动、电信、联通等为代表，自主研发企业包括互联先锋、品高等。云计算相关应用从互联网行业向政府、金融、工业、交通等传统行业渗透。随着"中国制造2025"和"互联网+"战略的不断推进，各行业迫切需要通过云计算系统助推行业转型升级发展。

8.3.2　大数据产业

以应用为导向，支持大数据产品研发，建立完善的大数据工具型、平台型和系统型产品体系，形成面向各行业的成熟大数据解决方案，推动大数据产品和解决方案研发及产业化。引导区域大数据发展布局，促进基于大数据的创新创业，培育一批大数据龙头企业和创新型中小企业，形成多层次、梯队化的创新主体和合理的产业布局，繁荣大数据生态。

8.3.3　智能制造产业

智能制造，包括发展柔性制造、工业机器人、工业大数据，开展信息物理系统（CPS）顶层设计，探索构建贯穿生产制造全过程和产品全生命周期，具有信息深度自感知、智慧优化自决策、精准控制自执行等特征的智能制造系统。

智能制造是为工业生产体系和国民经济各行业直接提供技术设备的战略性产业，具有产业关联度高、技术资金密集的特征，是各行业产业升级、技术进步的重要保障和国家综合实力的集中体现。随着信息技术和人工智能的发展，智能制造产业逐步发展起来。2018年，在工信部的大力推动下，智能制造试点示范项目数量已经达到并超过培育100个智能制造试点示范企业的目标。全国多个地方都在谋划智能制造发展，包括上海、浙江、江苏、天津、重庆、青岛、北京、广东、黑龙江等省市。

第9章　BIM/CIM在建设工程全生命周期中的应用

建设工程项目作为智慧城市建设重要组成部分之一，人们越来越关注BIM/CIM、GIS、物联网IoT以及大数据、云计算、人工智能等技术的集成综合应用，即结合先进的精益建造理论方法，将人员、流程、数据、技术和业务系统集成在一起，实现建筑物和构筑物的全过程、全要素、全参与方的数字化、在线化、智能化。通过在新型智慧城市建设中使用BIM/CIM技术，由微观到宏观构建建设项目、参与企业、建筑产业与地方政府之间的新生态体系，推动以新设计、新建造、新运维为代表的建筑业产业升级。

9.1　BIM/CIM技术体系

BIM/CIM技术体系包括：BIM技术、GIS技术、物联网IoT技术、5G技术、大数据与云计算技术、CIM技术等。

9.1.1　BIM技术

BIM（Building Information Modeling，建筑信息模型）是指建设项目及其设施和功能特性的数字化模型，可通过创建和利用数字模型在设计、施工与运营的全生命周期内进行协同工作和集成管理。从建筑数字模型信息存储与交换的角度分析，BIM模型存储了建筑物几何信息及其所有构件的多种语义信息，如相关材料及其物理指标，模型修改历史记录，以及建筑构件的成本和施工时间表等内容。BIM技术的含义可从数字模型、建模过程和工程管理等方面总结为以下三点：

（1）从数字模型角度看，BIM是以三维数字技术为基础，集成了建筑工程项目各种相关信息的工程数据模型，是对工程项目设施实体与功能特性的数字化表达。

（2）从建模过程角度看，BIM是一个逐步完善的信息模型，能够连接建筑项目生命期不同阶段的数据、过程和资源，是对工程对象的完整描述，提供可自动计算、查询、组合拆分的实时工程数据，可被建设项目各参与方普遍使用。

（3）从工程管理角度看，BIM具有单一工程数据源，可解决分布式、异构工程数据之间的一致性和全局共享问题，支持建设项目生命期中动态的工程信息创建、管理和共享，是项目实时的共享数据平台。

BIM技术经过多年的推广应用，目前得到业界普遍认可的技术优势有：可视化、协调性、模拟性、优化性、可出图性等。

（1）"所见即所得"的可视化：BIM模型三维可视化不仅可以用来进行效果图的展示及报表的生成，更重要的是可用于建设工程项目设计、建造、运营过程中的沟通与讨论，方便所有相关方对项目建设方案进行充分沟通、清晰理解和快速决策。

（2）BIM模型跨专业协调性：建筑各专业经常出现项目信息冲突现象，BIM的协调性可以较好地处理此类问题，即工程建设项目建造前通过碰撞检查、方案优化，减少不合理方案的出现；通过管线综合实现预留预埋；通过净空优化，使得在不增加建造成本的情况下，大幅提升舒适度成为可能。BIM模型的跨专业协调性还体现在基于BIM模型的高效率沟通和避免重复工作上。

（3）BIM技术的模拟性：在设计阶段，可进行节能模拟、紧急疏散模拟、日照模拟、热能传导模拟等；在招标投标和施工阶段可通过与进度计划集成进行4D进度模拟，即根据施工的组织设计模拟实际施工，从而确定合理的施工方案并指导施工；如果同时与进度计划和算量、计价数据集成，则可进行5D成本模拟，实现基于BIM模型的动态成本管控；后期运营阶段可对紧急情况处理方式进行模拟，例如地震人员逃生模拟及消防人员疏散模拟等。

（4）BIM技术的优化性：借助BIM工具软件及与其配套的平台系统对项目进行可能的优化处理，如利用模型提供的各种信息（包括：几何、物理、规则、建筑物变化以后的各种情况信息）对建筑物及其相关功能进行优化。

（5）BIM模型可出图性：经过碰撞检查和设计修改后的BIM模型，通过一定规则直接转化为建筑设计图以及综合施工图（如综合管线图、综合结构留洞图、碰撞检查报告和建议改进方案等实用的施工图纸等），从而进一步支持BIM应用落地。

9.1.2　GIS技术

GIS（Geographic Information System，地理信息系统）被定义为可以通过空间或地理坐标来处理数据的信息系统，可以抓取、储存、修改、分析、管理和展示所有地理信息，GIS信息可以用于城市规划、气象防灾、农业管理、统计分析、交通出行等多个方面。在新型智慧城市应用层面，可从两方面理解GIS，一方面GIS是一个城市数字模型，另一方面GIS是承载了城市大量信息数据的集成平台。从建模和数据交换的角度，可以把GIS作为一个软硬件支持下建立的城市数字模型的集成环境。

GIS的几何表达方式是边界描述，即GIS的三维模型是面状的。作为一种语义丰富的数据模型，GIS能够支持城市对象从LoD0—LoD4共五个层次的细节建模，当不断放大GIS模型的时候，模型能够自动载入更细节的信息，但是当不需要细部信息的时候，模型又能以较为轻量的模式运行。这个特点对于大规模的城市级信息存储有着至关重要的作用。

当把GIS看作是承载了城市大量信息数据的集中体时，GIS的信息可分为几个不同的层级：地形图—影像图—地下空间—电子地图—地名地址—框架要素—经济人文信息。其中地形图、影像图和地下空间共同构成了GIS的地理模型，而电子地图、地名地址、框架要素和经济人文信息构成了附着于地理空间模型上的第二信息层，并在智慧城市的建设中发挥着重要的作用。

从GIS内承载模型信息的角度来分析，GIS中缺失的建筑物内部细节信息可通过BIM技术进行弥补。现今普遍要求从项目规划设计阶段就开始应用BIM技术，因此可向GIS提供信息完备的建筑物全生命期数字模型，这实质上就是对于GIS的渐进式更新。将包含建筑内部构造信息的BIM模型的坐标转换为GIS多层级地理信息模型的坐标，从而可将基于BIM的三维建筑模型放置在基于GIS建立的地理环境模型上，继而整合成信息要素完备的区域级和城市级信息模型。

9.1.3　物联网IoT技术

物联网（The Internet of Things，简称IoT）是指通过各种传感器、射频识别技术、全球定位系统、红外感应器、激光扫描器等装置与技术，实时采集需要监控、连接、互动的物体或过程，通过各类可能的网络接入，实现物与物、物与人的泛在连接。物联网是一个基于互联网、传统电信网的信息承载体，它让所有能够被独立寻址的普通物理对象形成互联互通的网络，实现数字城市与现实城市的动态信息交换。

物联网连接根据通信方式不同，可以有多种不同的分类。从无线通信角度来看，通信距离在数十米内的设备会采用蓝牙、Zigbee、Zwave等方式，这些连接方式被称为无线个域网（WPAN）；通信距离在百米以内设备采用Wi-Fi方式，称为无线局域网（WLAN）；通信距离较远的，则根据设备功耗、带宽等条件限制，采用2G/3G/4G/5G/NB-IoT等蜂窝网络或非授权频谱的LoRa、Sigfox等方式。业界一般将采用这些通信方式的设备大颗粒度分为局域物联网设备和广域物联网设备。

从监测数据来看，2010年物联网连接数为8亿，而此时非物联网设备为80亿。但此后10年，物联网连接数高速增长，而非物联网连接数仅有微小的增长，到2020年物联网连接数达到117亿，而非物联网连接数保持在100亿左右，这是物联网连接数首次超越非物联网连接数。预计到2025年，物联网连接数将增长到309亿，而非物联网连接数仅有103亿。

9.1.4　5G技术

5G技术是第五代移动通信技术的简称，作为最新一代无线通信技术，相比于前一代无线通信技术4G而言，5G能够带来更快的数据速度，更高的数据容量，更好的覆盖范围，更快的响应时间，是一种大幅度的技术升级。从技术角度看，5G的理论网速10000Mb/s要比目前世界上最快4G网速快上超过150倍，其网络延迟速度大约为1毫秒，而大多数4G的网络延迟通常是其几十倍以上；5G网络在流量高峰期间在每平方公里能够承载100万台设备同时上网，比4G网络高出20倍。

基于5G技术的"三超"特性（超高速率+超低时延+超密连接），全球权威通信技术组织（3rd Generation Partnership Project, 3GPP）将5G应用归类为三大基础应用场景：（1）增强移动带宽，即高网速通信，适用于2K/4K高清视频以及虚拟现实（Virtual Reality, VR）/增强现实（Augmented Reality, AR）应用等高网速领域；（2）海量机器类通信，即高密度连接，适用于可穿戴设备、智能家居和环境参数监测等高密度、低功耗传感器相关行业；（3）超高可靠低时延通信，即低时延特性，尤其适合工业监控、车联网通信、金融竞价系统以及远程医疗等高实时性要求的应用。

从通俗角度讲，5G能给市民带来的三大好处，即办事快、不拖延和挤不爆。基于5G的智慧交通系统将更为联动，可以大幅提高交通效率，减少堵塞的发生，使得无人驾驶真正成为可能。对于公共交通，5G可以帮助减少乘客等待时间，优化公交车库存，提供实时更新的乘客信息、车辆信息，甚至支持动态公交路线；车辆、路灯等设备的信息互通还能帮助智能泊车，避免停车位过于拥堵或过于闲置。通过5G网络，传输医学监护参数和影像资料等医疗数据，可应用于合作医院之间远程教学、诊断、手术直播以及医护和患者的AR本地教学等场景，可有效促进大型医院资源流入基层医疗机构，提高基层医疗服务能力，缓解看病难、看病贵的难题以及提高教学认知效果。

9.1.5　大数据与云计算技术

大数据与云计算技术是智慧城市各个领域都能够实现"智慧化"的关键性支撑技术，从政府决策与服务，到人们衣食住行的生活方式，再到城市的产业布局和规划以及城市的运营和管理方式，都将在大数据与云计算技术支撑下走向"智慧化"，大数据与云计算技术同城市建设完美结合，将为传统城市建设运营模式带来质的飞越。

大数据应用于智慧城市建设的关键技术主要有：大数据采集、大数据预处理、大数据存储及管理、大数据分析及挖掘。数据采集是大数据生命周期的第一个环节，除了通过RFID射频、传感器等硬件技术获取数据，还可以获取已有数据库数据、社交网络数据、移动互联网数据等各种类型的结构化、半结构化及非结构化的海量数据。大数据预处理就是对采集到的原始数据进行清洗、填补、平滑、合并、规格化以及检查一致性等。主要包括数据清理、数据集成、数据转换以及数据规四大部分。大数据存储与管理要用存储器把采集到的数据存储起来，建立相应的数据库，以便管理和调用。数据的分析与挖掘主要目的是把隐藏在一大批看来杂乱无章的数据中的信息集中起来，进行萃取、提炼，以找出潜在有用的信息和所研究对象的内在规律的过程。

云计算是通过使计算分布在大量的分布式计算机上，而非本地计算机或远程服务器中，企业数据中心的运行将与互联网更相似。这使得企业能够将资源切换到需要的应用上，根据需求访问计算机和存储系统。云计算具有以下特点：

（1）云计算具有超大规模，能赋予用户前所未有的计算能力。我国的阿里云和腾讯云已经拥有100多万台服务器，天翼云、华为云、金山云、百度智能云、浪潮云、京东智联云等均拥有几十万台服务器。企业私有云一般拥有数百上千台服务器，预测2022年中国私有云市场规模将突破千亿元，并在2023年中国私有云市场规模将增长至超1400亿元。

（2）云计算的虚拟化特点允许用户在任意位置、使用各种终端获取应用服务。所请求的资源来自"云"，而不是固定的有形的实体。应用在"云"中某处运行，但实际上用户无需了解、也不用担心应用运行的具体位置。只需要一台笔记本或者一个手机，就可以通过网络服务来实现我们需要的一切，甚至包括超级计算这样的任务。

（3）云计算的高可靠性使用了数据多副本容错、计算节点同构可互换等措施来保障服务的高可靠性，使用云计算比使用本地计算机可靠。

（4）云计算的通用性不针对特定的应用，在"云"的支撑下可以构造出千变万化的应用，同一个"云"可以同时支撑不同的应用运行。

（5）云计算的高可扩展性决定其规模可以动态伸缩，满足应用和用户规模增长的需要。

（6）"云"是一个按需服务的庞大资源池，用户可以像购买自来水、电、煤气那样按需购买服务。

（7）云计算以极低的成本保持经济合理性，"云"的自动化集中式管理使大量企业无需负担日益高昂的数据中心管理成本，"云"的通用性使资源的利用率较之传统系统大幅提升，因此用户可以充分享受"云"的低成本优势。

9.1.6　CIM技术

CIM（City Information Modeling，城市信息模型）概念是对BIM（Building Information

Modeling，建筑信息模型）相似概念的延展，实际是将BIM的作用对象从建筑物（Building）扩大到了城市（City）。总的来说，CIM就是将BIM的应用范围从建筑上扩展开来，从单个建筑或者一个项目群放大到了整个城市。CIM有三重含义：

模型含义：CIM是包含城市所有设施物理特性和相关信息的数字模型；

平台含义：CIM是一个可以存储、提取、更新和修改所有城市相关信息的数字化平台，是一个集成的、融合的、包容并蓄的管理平台，相关部门可以在CIM平台上实现数据的共享和信息的传递，既可以存储城市规模的海量信息，又可以作为云平台提供协同工作与数据调阅功能，在城市化的全过程中发挥作用；

行为含义：CIM是指将城市各种信息收集、整理、存储并在规划、设计、分析、运维中提供决策支持的过程。

CIM平台技术是实现智慧城市的关键技术，由BIM（建筑信息模型）、GIS（地理信息系统）与物联网（IoT）的三大核心技术组成。GIS与BIM提供了城市室内、室外，地表、地上、地下一体化的多维模型数据，实现了城市的数字化。IoT则通过数万亿计的传感设备为城市建设与运行提供广泛连接和动态感知数据，可动态伸缩虚拟化的云计算和边缘计算则实现了信息处理和智能服务，从而实现了城市的智慧化。

5G、大数据、区块链、人工智能等新技术的应用使智慧城市进一步智能化。5G大幅提升了数据快速传输能力，大数据提供了PB级城市数据存储和分析的方法，区块链解决了数字化时代的信任问题，人工智能提供了人们利用众多城市数据实现特定领域决策的数据深度分析和应用的技术手段——利用计算机，自动化智能化处理事务，代替部分人工劳动，拓展人类大脑能力。

9.2　BIM/CIM技术在建设工程全生命周期中的应用

建设工程全生命周期包括：投资决策、规划设计、建造施工、验收交付和运营维护等阶段。

9.2.1　投资决策阶段

在投资决策阶段，BIM/CIM技术可用于环境模拟（包括：模拟待建建筑所在的地理位置、周边自然环境、交通环境、商业环境或者居住环境的关系等），外观及功能模拟（包括：轮廓、占地、高度、造型、色彩、待建建筑的功能定位及功能空间关系），可视域分析（利用建筑物BIM模型做高度对比，快速找到并定位出突破限高的建筑，验证规划与设计成果，为限高调整或建筑物高度整改提供依据，通过生成视线路径与建筑物相交关系，快速找到并定位出阻挡视线的建筑，为规划视野要求调整或建筑物整改提供依据，有助于在规划中保证重要建筑物和重要景观具有较好的周边视野和适宜的空间尺度）及城市风貌管控（检查是否和城市风貌如建筑轮廓线和城市天际线和谐统一，利用BIM+VR实现天际线、海岸线和风景廊的规划控制），项目建设过程重点事项模拟以及造价估算（按建筑规模根据造价指标进行项目造价估算）。

9.2.2　规划设计阶段

BIM技术可用于设计表达、设计计算分析与设计方案优化，包括：各专业设计，结构力学分析，建筑功能空间验证优化（模拟验证使用空间设计是否合理，如净空高度、大小是否满足设备设施的要求，模拟验证通道空间设计是否合理，如验证大型设备设施从建筑外部进入建筑内部功能房间，模拟验证相关联使用空间的位置关系是否合理），室内外环境分析（建立建筑体量模型，定性、定量分析待建建筑与其他建筑和自然环境的日照与阴影遮挡关系，满足日照要求，确定合适的建筑布局和窗户朝向，分析待建建筑室外风环境，不同高度建筑表面的风压，为建筑布局、外部的园林空间设计以及建筑的幕墙设计提供依据，并对设计进行室外风环境验证），灾害模拟分析（模拟火灾、地震等灾害发生时，逃生时间、逃生措施是否满足要求，指导和验证建筑安全措施设计是否合理）以及限额设计（计算工程概算工程量和概算造价，分析各单位工程、分部分项工程费用投入比例是否恰当，是否满足总概算要求）。

通过GIS技术将BIM模型加载到地形图和影像图中，再融合倾斜摄影模型，实现大场景、全域空间的三维可视化展示，在真三维的环境中直观对比分析多种方案，为城市规划提供更为可靠的依据。通过三维空间分析，实现基于地形数据和城市建筑三维BIM模型数据的建筑物可视域分析、控高分析、日照分析等。

9.2.3　施工图设计阶段

BIM技术可用于施工图设计、碰撞检查和管线综合（将建筑、结构、通风、消防、给水排水、强电、弱电等多专业模型集成，发现和消除设计冲突及错误；对管线与结构、管线之间、管线与设备的冲突干涉进行消除，并尽量减少折弯、尽量减少管径调整，满足各流体在管道流动的设计规范要求、优化管道连接件）、净空验证和优化（验证设计净空在安装了各种管道和设备后是否满足使用要求与设计要求）、装饰效果模拟（模拟分析多种视角角度、多种光照条件下的装饰装修效果，以第一人称、第三人称等行走、飞行等漫游形式视频和照片表达装饰完成和装饰构造与装饰做法）以及预算工程量计算与造价计算分析（按预算要求计算建筑结构、钢筋、幕墙、装饰、机电安装等单位工程工程量、单位工程造价、单项工程造价与工程总造价）。

9.2.4　施工阶段

BIM技术可用于管综深化与优化（按施工要求进一步深化和优化管线布置方式，便于实际施工安装和维修更换管件）、预留预埋定位（按优化后的BIM模型生成管线穿墙、穿板的套管定位，预留幕墙安装的连接和承重构造）、综合支吊架设计（按优化后的模型布置出满足承重要求的综合支吊架，确定型号、支吊架安装定位）、复杂节点模拟（对复杂节点详细构造进行建模，表达出复杂节点的构造和做法，便于施工人员理解设计）、施工现场布置（对施工现场施工设备、设施、堆料、运输等内容进行模拟，提高施工安全性）、进度控制（通过模型表达计划进度、实际进度、计划与实际差异）、质量安全管理（将施工质量问题与安全问题与BIM模型进行关联，清晰表达质量与安全问题）、计量支付（按时间、按部位统计工程量，进行进度工程量和造价确认）、变更分析（快速分析比较变更对工程量的变化，进行不同变更方案的比较）、技术交底（通过BIM模型表达设计，沟通设计意图，沟通技术要求）。

借助BIM协同管理平台，可将项目进度、质量、安全、合同、成本、图纸、物料等信息集成进行可视化、动态精细管理，从而达到减少变更，缩短工期、控制成本、提升质量的目的。

借助采用BIM + GIS技术，可进行施工总平面布置图深化设计，使施工总平面图设计更符合现场实际情况以及减少对周边环境的影响；为了保证基坑施工安全，可利用BIM + GIS形成基坑监测数据，依据数据进行科学管理、科学决策形成工作闭环，有效提高基坑施工安全。

借助BIM/CIM技术，可以对大型项目的施工运输方案进行模拟分析。基于BIM/CIM技术分析施工运输方案主要包括：交通设施与施工场地位置、车辆路线、网络物流等模块。这些模块的具体功能包括：车辆和货物跟踪，即利用GNSS和CIM的交通路网模拟实时显示出车辆或货物的实际位置，并能查询出车辆和货物的状态，以便进行合理调度和管理。提供运输路线规划和导航，即规划出物料运输线路，在CIM的三维实景数字地图上显示规划线路，并同时显示汽车运行路径和运行方法，查询运输信息。

借助BIM/CIM技术，可以对大型项目土方平衡进行分析。传统的土方计算方法存在计算量大、计算精度不高、数据量大等缺点；土石方工程量的核算在工程预、结算中经常存在较大争议。BIM/CIM技术通过利用三维GIS数据和三维重构方法实现快捷精确计算，并且能做到"工程实际与模型的精确对应"和"所见即所得"。BIM/CIM技术可以使从三维地形测量到土石方计算的人工成本和时间成本都大幅降低，同时测量的精度也比传统测量方法高许多。使用BIM/CIM技术模拟土石方的开挖和回填不仅可以让人直观监管到土石方的挖运分析与算量，还能做到土方平衡计算的精确化与精细化，对减少争议和项目成本管控发挥重要作用。

9.2.5　竣工阶段

BIM技术可用于模型整合与资料整理（将各分散模型整合为一个整体模型，将不一致信息调整为实际施工完成的信息，将过程模型按时间或重要节点进行整理，便于后期使用），模型信息完善与集成（将多维信息集成为一体，可分维度查询使用），按模型验收（对照模型与实际已完工程，检查是否按要求完工，是否满足质量要求，是否是按设计施工）。

9.2.6　运维阶段

BIM技术可用于模型轻量化（将BIM模型中与运营维护无关的信息去除，生成满足不同软件和使用需要的多种信息级别BIM模型，使模型变小，便于在运维软件中使用），设备设施管理（将BIM模型中设备设施按照运维的需要，添加功率、规格型号、出产厂商、购买日期、安装日期、设计寿命、保修条件、维护人员、维护历史、维护保养周期、使用手册、维修手册等维护信息，并在运维工作时使用和进一步完善相关设备设施信息），监控及安全（在建筑物中以及设备设施上安装摄像、传感、控制设备进行信息采集，并通过BIM模型进行展示和关联，对建筑空间、设备运行状况、能源消耗和使用状况、人员流动状况、安全防护状况进行更为直观的监控，一旦信息出现异常，实现快速空间位置与设备设施定位，便于采取合适措施），展示及宣传（将BIM模型输出到VR软件或专门的动画、效果图制作软件中，生成可人机互动的展示模型或者动画、效果图片，进行宣传）。

基于BIM与GIS技术建立建筑设备维护数据库，完善运维管理系统，解决传统运维服务存在的一些问题，实现三维立体、智慧、可感知的建筑运维服务平台构建，实现建筑物的场地管理、空间管理、设备管理、合同管理和应急管理等，从各个方面、由内而外对设备设施进行全面、智能化管理，实现管理的安全、实时、高效性。

9.3　BIM/CIM技术的应用实例

智慧园区是智慧城市发展的重要组成部分及基本组成单元，深圳坝光生物谷将BIM/CIM技术作为整个园区建设的重要支撑技术。

该园区在启动之初便全面引入BIM技术，并着手构建CIM平台，最终实现以项目协同应用于大数据平台为支撑的片区数字化管理模式，聚焦"多规合一"与"建设管理"，实现针对片区各专业领域的规划、建设和运行管理等应用层级的有效协同、精确分析以及动态的高仿真可视化管理。

9.3.1　CIM平台的总体规划

CIM平台按照感知设备层、网络传输层、数据支撑层、业务管理应用层和前端展示层进行系统架构设计，通过BIM+GIS+IoT的技术手段收集已完成、在建和拟建项目的所有规划、建设、运营管理过程的基础数据，利用CIM数据引擎把所有数据打通连接园区各项目的基础数据，横向对接园区企业、政务、安防、水务、交通等数据，最终形成园区的数据资产，最后通过场景化的应用将这些数据资产应用到不同业务场景下，统一提供综合展示以及业务管理等实际应用。

整个CIM平台是由BIM协同和数据交换平台、CIM决策展示平台、CIM管理平台、CIM运维平台四个子系统构成。平台的落地实施按照梳理体系框架、整理基础数据、沟通确认需求、试点实施反馈、全面推广的流程来进行，实施周期三年。首先编制顶层标准规范、成立BIM应用实施小组，确定CIM平台整体实施体系框架。其次基于CIM整体实施指引，建立健全的模型收集、审核机制和需求反馈机制，汇总整理BIM基础数据；接着调研城市区域内各层级需求，梳理核心数据清单，确认CIM平台业务流程与模块功能，完成CIM平台研发；最后在项目上进行试点应用，并基于应用反馈，不断完善体系和平台功能，走通实施路径。

9.3.2　CIM平台的核心应用点

经试点项目验证和专家评审论证后，在坝光生物谷区域内全面推广CIM平台应用实施。其中，CIM平台的核心应用点如下：

（1）标准体系建设先行

BIM模型交付指引和BIM模型应用指引作为所有项目模型提交的依据，定义了模型成果的深度、组成方式、提交方式、命名规则以及审核方式，是保障BIM数据完整性的重要手段。应用指引是针对各项目从规划、设计、施工、竣工全过程BIM技术应用的指导性文件，保障各项目整体BIM实施应用规范、合理、落地。

（2）多规合一、统一规划

CIM平台通过叠加规划总图、建设总图等不同的图层，以"一张图"的方式实现规划数据总览，各类规划用地和建设项目的统计，实现整个片区大到总控指标、小到地块配套等所有规划信息的查询，项目类别与项目区域的空间分布显示，为快速掌握剩余用地情况和项目选址提供了有力的数据支撑，为规划编制人员、管理者、开发商和公众提供更加可视化、便捷、友好的规划用地管理分析和决策支撑信息平台。

（3）数据资产统一管理

CIM平台汇聚收集全部的建设工程数据，包括DWG图纸和BIM模型，涵盖房建、市政道桥、景观、水利、综合管廊等；地理空间信息数据，利用倾斜摄影技术，通过无人机描绘出园区现有的地形地貌，对园区现有地形地貌进行实景建模，展示园区的整体地貌形态，进行整体宏观把控；此外平台还汇集大量的非结构化数据，例如监控视频、车牌识别数据、全景照片、协调会议纪要、项目概况、形象进度照片、进度说明等数据进行实时展示存储，便于后续园区的运营和维护。

（4）片区建设数据可控、工程公开透明

平台数据可用于指导设计施工，提升园区建设管理水平、控制进度成本、保障生产安全。推动工程投资建设过程中信息的公开透明，提升以数据为基础的精细化管理水平，增强政府把控能力和保障项目质量。

第四篇
中国智慧城市实践

- 我国智慧城市重点领域的发展现状
- 几个典型新型智慧城市实践模式

第10章　我国智慧城市重点领域的发展现状

10.1　智慧政务发展状况

随着移动互联网和电子商务的迅速发展，人们对网上政务服务的需求不断提升，推进"互联网+政务服务"，让群众和企业办事像"网购"一样方便，实现政务服务全流程"一网通办""掌上办事"成为大势所趋。2016年以来，国务院印发《关于加快推进"互联网+政务服务"工作的指导意见》，"互联网+政务服务"改革向纵深推进。在此背景下，全国一体化政务服务平台建设加快推进，各地各部门认真部署，加强和规范政务服务平台及移动端建设管理，积极推进实现政务服务事项"网上办""掌上办"，在线和移动政务服务发展取得了显著成效。截至2019年年底，全国一体化在线政务服务平台基本建成，全国31个省（自治区、直辖市）和新疆生产建设兵团已全部建成省级政务服务平台，其中，21个地区构建了省、市、县、乡、村五级网上政务服务体系，初步形成"横到边、纵到底"的"覆盖城乡、上下联动、层级清晰的五级网上服务体系"。政务服务平台品牌的辨识度、知晓度、美誉度全面提升，已经成为企业和群众办事的主要渠道。

10.1.1　注重上下联动，打造一体化平台

广东、上海、江苏、贵州等地按照省级统筹原则推进政务服务平台建设，通过整合本地区各类办事服务平台，围绕实现政务服务统一申请、统一受理、集中办理、统一反

馈和全流程监督等功能，构建了集互联网政务服务门户、政务服务管理、业务办理和政务服务咨询投诉等功能于一体的政务服务网，建成了本地区各级互联、协同联动的政务服务平台，实现了网上政务服务省、市、县、乡镇（街道）、村（社区）全覆盖。广东、江苏、贵州等地都建成了五级政务服务体系，上海建成了纵横全覆盖、事项全口径、内容全方位、服务全渠道的上海政务"一网通办"总门户，为本地区推进政务服务"一网通办"提供了平台支撑。

10.1.2　注重特色服务，开展应用创新

在全国一体化在线政务服务平台总体框架下，广东、上海、江苏、贵州等地积极开展个性化、有特色的服务创新，形成了各具特色的发展模式。如贵州依托贵州政务服务网，打造企业开办"一网通办"平台；广东、上海开展主题特色服务应用，全面梳理"一件事"等便民利民举措；江苏围绕重点高频事项，形成集成服务套餐，打造了综合服务旗舰平台。同时，四省（市）的各地区依托本地在线政务服务平台，也积极开展应用创新，形成了一批可复制推广的典型应用。如东莞市的不动产登记在线申请子系统，探索运用可信电子签名，实现在线申请、全程电子化审核；宝山区通过网上AI政务大厅实景导引，主题事项嵌入虚拟窗口，实现政务服务的精准供给等。

10.1.3　注重拓展渠道，提升用户体验

广东、江苏、上海、贵州等地都积极适应新趋势新要求，加强与第三方平台合作，利用信息技术手段拓展政务服务渠道，实现了政务服务"移动办""掌上办"。如广东打造了"粤省事"等"粤系列"移动应用品牌，实现服务个性化、精准化和一站式"指尖办理"；上海打造了"一网通办"移动端政务服务的总入口"随申办"，集成优化各个条块的线上、线下服务，让市民轻松享受"一站式"掌上服务；贵州打造了"云上贵州多彩宝"，形成了特色政务服务集大成。同时，四省（市）的各地区依托本地移动政务服务平台，也积极开展特色微应用创新，形成了一批可复制推广的经验做法。如韶关市依托"粤省事"移动平台，推进所有非涉密政务服务事项进驻"一

张网"，开设政策兑现专区，实现企业办事减负；黔南州、贵安新区、遵义市桐梓县、铜仁市碧江区等地依托"云上贵州多彩宝"，打造了具有本地特色的移动政务服务平台，如云上贵州多彩宝黔南平台接入了"扶贫大数据平台"等特色服务功能，为黔南州公务人员提供便捷的移动线上办公服务。

10.2 智慧治理发展状况

政府治理过程离不开治理的决策过程，科学的决策必须以全面、真实和及时的信息为基础，而在现代信息社会，信息以海量、复杂、多变的形式存在，对信息收集和处理带来了较大挑战。现代信息技术的出现和发展为打通数据壁垒、感知社会态势提供有效途径，为科学决策提供了技术保障。政府治理能力现代化同样离不开执行能力的现代化，电子政务和"互联网+"等智慧化手段能够提高政府运行效率，提高社会管理水平，促进基本公共服务的均等化。除此之外，监督能力也是整个治理能力的一个重要环节，不仅提高治理效率、提高公共服务水平需要强化治理过程中的监督，而且防止治理者滥用公共权力、贪污腐败更需要加强监督。智慧化手段为政务信息公开、政府督察督办、群众舆论监督提供了有效渠道。全国各地通过推进智慧城市建设，推动新一代信息技术与经济社会的深度融合，有效提升了治理体系和治理能力现代化。

10.2.1 强化基层社会治理，提升跨部门跨层级治理能力

上海市部署了超过4万个物联感知设备，密切关注着城市运行的"脉搏"与"心跳"，在城市环境、城市运维等六大领域部署了50余个智能化应用场景，以事项管理为出发点，房管、公安、城管执法等城市管理一线部门一起入驻、联席指挥，共同为社区精准画像，为解决城市管理中的顽症提供了可行路径，并实现了"问题发现智能化、处置流程标准化、核查结案闭环化"的"小目标"。青岛市深化网格管理，坚持分级负责、划格定责、人人有责，统筹城市管理、市场监管、民生服务等公共管理资源，强化"网格"功能，聚焦解决问题，在各网格配备"1+N+X+Y"名网格管理员（1名网格负责

人，N名网格指导员、X名网格员、Y名志愿者），实现了"网中有格、格中有人、人在格上、事在网中"的全天候、无缝隙管控。

10.2.2　建设综合运营管理平台，提升城市综合治理能力

深圳、嘉兴建成了新型智慧城市运营管理中心，杭州、湖州推进城市数据大脑等综合智慧城市运营平台建设，这些平台有效接入各个智慧应用系统的实时运行信息，建成集城市综合管理、应急协同指挥、专业展示宣传等功能于一体的城市运营管理"中枢"，实现对城市运行状态的全面感知、态势预测、事件预警和决策支持，以信息化促进城市治理体系和治理能力现代化。其中，杭州城市大脑构建了纵向到区县（市），横向到各部门的组织架构，纵向形成如杭州城市大脑·上城平台等15个分平台；横向扩展的为"系统"，如杭州城市大脑·城管系统，已有50余个系统，形成虚实结合、孪生互动、迭代优化的城市发展新形态，迈出了从治堵向治城跨越的重要步伐。

10.2.3　加快利用智慧化手段，提升环境保护治理能力

环保智慧化是适应我国在现代经济和社会条件下，实现环境保护和转变经济发展方式的需要。2016年，环境保护部发布《生态环境大数据建设总体方案》中明确提出，大数据、"互联网+"等信息技术已成为推进环境治理体系和治理能力现代化的重要手段，要加强生态环境大数据综合应用和集成分析，为生态环境保护科学决策提供有力支撑。要充分运用大数据、云计算等现代信息技术手段，全面提高生态环境保护综合决策、监管治理和公共服务水平，加快转变环境管理方式和工作方式。例如，我国环境质量监测网的范围不断扩大，领域不断拓展，要素不断增加，管理体系不断完善，我国已经建成了覆盖全国的国家环境监测网络，包括地表水监测、水质自动监测、重点城市集中饮水水源监测、空气自动监测、沙尘暴监测、近海岸海域环境监测等。据不完全统计，我国已经建成了超过340个省市两级污染源监控中心，对超过15000多家重点污染源实施了自动监控。

10.3　智慧交通发展状况

智慧交通已成为智慧城市建设的重要突破口，2015年以来，我国颁布了一系列交通强国政策，重点引导交通数字化、智能化发展。2017年9月14日，交通运输部印发了《智慧交通让出行更便捷行动方案（2017—2020年）》，提出四大建设方向：提升城际交通出行智能化水平，加快城市交通出行智能化发展，大力推广城乡和农村客运智能化应用，完善智慧出行发展环境。2018年2月，交通运输部发布了《关于加快推进新一代国家交通控制网和智慧公路试点的通知》，提出6个重点方向：基础设施数字化、路运一体化车路协同、北斗高精度定位综合应用、基于大数据的路网综合管理、"互联网"路网综合服务和新一代国家交通控制网。

10.3.1　持续利用科技手段，实现交通智能控制

从应用成熟度看，卡口、电子警察、视频监控是对图像和视频数据进行语意化和结构化处理最成熟、最完整、应用深度最深的领域。通过这些技术建立自动流量控制功能，完善交通信号配时偏移评价机制；通过高精度地图感知到每个车道的交通流量、饱和度等数据，分析路口及其上下游的流量、相位、周期、速度、潮汐、可变、配时不足、配时浪费等因素；通过不同算法和模型，实时监测不同配时周期的偏移量，偏移自动告警；通过海量历史数据，实现实时状态下信号灯方案的优化。例如，广州市为应对交通管理问题，积极建设智能交通系统，构建了较稳定的智慧交通体系，高度集成了视频监控、单兵定位、接处警、GNSS警车定位、信号控制、集群通信等近百个应用子模块。探索出了"DG（数据治理）警务"重要应用案例。杭州高架道路匝道上50%的匝道路口信号灯已经由城市大脑智能调控，整体通行效率提升15.3%。

10.3.2　推进大数据平台建设，实现智能辅助决策

国内部分城市，以"路况研判，问题分析，优化建议，仿真决策"为指导思想，积极谋划推进智慧交通大数据平台建设。在路口层面，利用大数据技术，通过分析路口、

道路的交通状况，提出相关优化建议。比如，宁波市交通大脑根据交通流量的变化，已经对麦德龙岗、尹江岸岗、环百岗、三支街岗等47个路口的车道进行了调优，较大优化了路口的交通组织。上述路口的早晚高峰平均拥堵播报率下降了11%，路口早晚高峰平均等待红灯次数从2.5次降到1.8次。济南也积极构建智慧"交通大脑"，交通大脑平台监控的近800个路口中绿灯损失、配时失衡的路口等情况，每3分钟刷新一次数据实现了实时报警。同时，排列出济南前二十大拥堵路口，通过实时和历史拥堵数据将城市拥堵严重、亟须治理的道路推荐出来，排列出"治堵"道路优先级，取得了积极效果。

10.3.3　创新交通拥堵指数，实现交通智能预判

杭州、宁波等部分城市利用大数据平台运行指数系统，对接社会化交通出行数据和社会化地图数据，实现以交通运行指数为核心的深度应用与研判分析。目前已实现行政区域、重点区域、关键路段的运行指数实时监测，对拥堵的路段实时告警，供指挥中心调度决策。此外，交管部门通过诱导屏、广播和公众号等实时发布交通路况信息，为广大市民提供出行参考。通过对大量历史数据的分析，该系统实现常发性拥堵路段和区域的监测，按月定时生成城市拥堵报告，自动分析上月拥堵治理成效，并给出下月需治理的拥堵路段和区域，形成"告警→治理→评估"的良性闭环。例如，杭州城市大脑涵盖交通等11大系统和48个应用场景，实现车辆在途数、拥堵指数、延误指数等7项数据的实时感知，初步实现快速救援、实时信息发布、与市民双向互动等功能，做到全市覆盖、全市应用，已成为国内交通信息资源汇聚种类最全、数量最多的综合交通信息指挥枢纽之一。

10.4　智慧医疗发展状况

随着新一代信息技术取得重大进展，5G、人工智能、物联网等技术同医疗场景已开展深度融合，提供适应现代化城市发展的医疗卫生服务，智慧医疗的建设水平不断提升。经过近十年的发展，全国各地构建了区域影像中心、病理中心、心电中心、超声中

心等检查共享系统，打造"互联网医院"，推行互联网健康服务新模式，有效促进了优质医疗诊断资源下沉，大幅提高基层医院诊疗服务水平。智慧医疗的核心目的已从最初的提升运营效率过渡到了提升医疗质量，面向医务人员的"智慧医疗"、面向患者的"智慧服务"和面向医院管理的"智慧管理"已经初步建成。

10.4.1　病历全面实现电子化

智慧医疗是以电子病历为核心的信息化建设，在电子病历的基础上，通过技术手段，帮助医护人员做初级医疗决策支持。电子病历系统包含众多子系统，且大多内嵌于HIS系统，数据显示，截至2019年年底，全国三级医院已基本部署了供医生使用的电子病历系统，即使渗透率最低的门急诊电子病历系统也达到了71.6%，在二级医院中，也有超过半数的医院部署了电子病历，可以说电子病历系统的渗透已达到较高水平。

10.4.2　医疗信息化平台助力分级诊疗

分级诊疗是我国重要的医疗卫生制度，对于合理利用和配置医疗资源有很大帮助。据国家卫生健康委信息中心公布的统计数据显示：截至2018年11月底，占医疗机构总数94.6%的基层医疗机构提供的诊疗人次数占比为53.3%，而仅占总数2.2%的一级、二级和三级医院的诊疗人次数占比达40.1%。由此可见，目前分级诊疗的落实并不彻底，大型医院承担的诊疗压力较大，患者就医无法实现向基层医疗的疏通。随着智慧医疗建设，有效促进分级诊疗进一步落实到位。杭州市通过智慧医疗建设，建立"以人群需求为导向、以整合服务为路径"的杭州分级诊疗体系，通过信息化平台，建立医院间联通的信息系统，结合签约服务促进基层首诊和双向转诊，落实分级诊疗，稳步推进分级诊疗的进一步实施，是智慧医疗推动分级诊疗的良好典范。

10.4.3　"互联网+医疗"新模式日渐成熟

通过智慧医疗建设，构建医疗信息平台，不仅可以满足大数据时代医疗信息实时统计与共享的需求，还能够完善医院对于工作人员和患者的信息管理，协助完成医院行政管理，保证医院行政和后勤工作的顺利开展。此外，智慧医疗还可以将医疗卫生信息化，将每一所医院的信息与各医疗机构、卫生机关的信息结合起来，构建更大规模的信息库，即形成了区域卫生信息平台。截至2019年11月，"上海健康云"线上服务的移动端应用App在全市全面推广，已拓展至16个区246个社区及1200多个社区卫生服务点，注册居民账户达522.75万，注册医生17528人；智能上传2140万人次体征电子数据、156.36万异常人群信息用于临床参考和慢病随访依据。2014年9月，宁波市卫健委打造了全国首家"云医院"，截至2020年6月，宁波云医院平台用户注册突破35万人，提供在线诊疗与药品配送120万人次，双向转诊8.5万人次，协同门诊13000人次，远程超声会诊1180人次，"护理+"服务3100人次，健康大数据评估162万人次，家庭远程健康监测服务13万人次。

10.4.4　智能化远程化医疗手术逐渐成为可能

目前，我国骨科和神经手术机器人均已取得国内医疗器械注册证，各类型手术机器人发展态势良好。智慧医疗在手术操作中的介入，不仅在一定程度上扩展了医生的视野，保证360度无死角的操作；同时还可以完善在狭小空间的精细操作，增加手术的成功率，降低术者疲劳程度，保证了手术的安全性。此外，结合5G技术，还可以实现远程手术操作，方便偏远地区患者接受手术。

10.5　智慧防疫发展状况

自打响疫情防控阻击战以来，习近平总书记在中共中央政治局常务委员会会议上，提出了"坚定信心、同舟共济、科学防治、精准施策"要求，为运用信息技术手段打赢疫情防控阻击战指明了方向。全国各地各部门充分发挥智慧城市建设先发引领优势，积极探索信息化手段提升疫情防控能力和效率的重要举措，强化疫情防控科技赋能。

10.5.1　积极利用智能手段，提升防疫监管智能水平

一是借助智能化信息系统，助推疫情信息大排查。在新型冠状病毒肺炎疫情突发蔓延的情况下，借助"雪亮工程"、单兵设备、地图等信息功能模块，紧急开展了不留死角、不留盲区大排查，不放过任何一条线索，深化人口数据清洗比对，为全市快速筛查、精准定位发现防控重点目标提供数据支持、平台支撑。二是积极应用智能终端设备，推进人员监管智慧化。各地在飞机场、火车站、汽车站、学校、医院等公共场所，积极搭建"5G热力成像体温检测"系统等，利用红外线监控摄像头自动识别采集目标人群，实现规模化人群快速精准体温筛查。三是利用视频监控设备，对居家隔离人员进行实时跟踪监控与预警，提高精准管控效能。多地利用无人机对空旷地区人群聚集等现象进行航飞巡查监管，及时发现、劝阻。

10.5.2　借助智慧应用系统，提升防控期间服务体验

各地充分利用智慧城市优秀成果，推进疫情防控期间便民服务智慧化。积极利用智慧政务、智慧医疗、智慧教育等智慧应用系统，使市民足不出户享受便捷智慧服务。在疫情防控期间，老百姓在家里即可通过"网上办、掌上办"和"邮寄办、预约办"等方式办理有关政务服务，真正实现"一次都不用跑"。例如，陕西省远程医疗云平台，连通了全省108个县及各级医疗机构，实现了24小时在线协同，进行临床培训、跨院区专家会诊等工作。同时，远程云平台快速覆盖全省131家疫情定点收治医院、107个县级医疗救治组、10个地市级医疗救治组，上线机构累计近4万家，参与人数累计31万人次，构筑起陕西"联防联控、信息互通、上下联动、医疗协同"疫情防治网。疫情期间宁波老百姓在家中通过宁波云医院，点击"新型冠状病毒肺炎免费咨询"功能，即可享受呼吸道疾病、发热门诊等在线咨询问诊服务；也可"足不出户、线上问医"，开展网上问诊、慢性病管理、药品配送入户等服务。老百姓亦可通过移动微法院，足不出户开展立案、开庭等诉讼活动。微医全球抗疫平台开启在线救援新模式，作为中国最早提供抗击疫情在线义诊服务并挺进武汉疫区救援的数字健康平台，微医3月14日上线"全球抗疫平台"，开通在线咨询

服务，帮助海外用户正确区分感冒、普通流感和新冠肺炎，为疫情严重地区起到筛查轻症，分流患者，减少患者线下就医交叉感染风险，截至2020年8月，微医"全球抗疫平台"已集结全国13849名医疗专家，为包括美国、意大利、英国等在内的220多个国家和地区的360万人提供线上咨询、医疗科普、心理援助等各类线上医疗健康服务。

10.5.3　积极深化数据分析，紧密掌控疫情态势发展

各地深化疫情大数据挖掘分析，加强疫情发展态势探究，有效支撑疫情防控精准施策。一是各地利用确诊病例数据绘制疫情地图，便于广大市民开展疫情防控。将各地新增确诊新冠病毒感染肺炎病例精确位置、疫情期间定点医疗机构分布等信息制成了"新型冠状病毒肺炎疫情实时动态地图"，方便市民准确掌握全市疫情动态、及时前往定点医院就诊。二是充分利用移动位置大数据，助力有序做好复工防控工作。电信运营商联合开发了核查二维码，只需用手机扫一扫"二维码"程序，即可显示近期用户所到城市，便于当前设卡检查、企业员工上岗核查、村社区登记等核实工作，有效提升了核实效率。杭州市余杭区率先推出红黄绿三色的健康码，健康码由杭州市率先推出后迅速推广全国，通过二维码动态管理，助力疫情精准防控，分类有序复工复产，成为疫情期间数字化管理的标配，健康码推广到全国200多个城市，为1.5亿人提供疫情健康管理。后续各地均开展了大数据防疫的探索实践，涌现了粤康码、北京健康宝、穗康码等一批大数据分析应用。

第11章 几个典型新型智慧城市实践模式

11.1 深圳：科技创新、生态优化，建设新型智慧城市标杆

深圳市高度重视智慧城市发展，依托其良好的信息产业基础，率先在全国建设地理空间基础信息系统，推进实现数字城市的"孪生映射"，建设IoC智慧中心，实现城区总体态势"一屏感知"，构建深圳城市运营管理中心，打造城市运行管理"神经中枢"，建设信息惠民应用体系，实现"一站式"服务，通过科技创新、生态优化，打造全球数字经济发展高地，建设新型智慧城市标杆。

11.1.1 智慧城市部署、建设目标及特色亮点

深圳市注重智慧城市顶层设计，早在2010年便提出了建设"智慧深圳"的目标。此后，深圳陆续发布了《智慧深圳规划纲要（2011—2020年）》《深圳市新型智慧城市建设工作方案（2016—2020年）》等系列政策文件，始终高标准推进智慧城市建设。根据规划，深圳将"以提升民生服务和城市治理能力为重点，以体制机制创新为保障"，力争实现"一图全面感知、一号走遍深圳、一键可知全局、一体运行联动、一站创新创业、一屏智享生活"，建成国家新型智慧城市标杆市，达到世界一流水平的发展目标。目前，深圳数字经济引领发展，智能终端不断完善，民生政务、生态环保等智慧应用实践如火如荼，已发展成为我国"最互联网城市"，在《第八届（2018）中国智慧城市发展水平评估报告》中，深圳智慧城市发展水平位居全国第一。

11.1.2　智慧城市建设主要做法和成效

1. 时空信息平台实现"孪生映射"

深圳作为国家测绘局数字城市地理空间框架建设试点城市，于2007年正式立项实施"数字深圳空间基础信息平台"，运用BIM和3S技术，建立了自然资源和地理空间数据库，形成包括电子地图、遥感影像数据库、15个大类125小类约22万个信息点的公共设施数据库、统一空间基础网格数据库、统一地理编码数据库、全市建筑普查及三维模型数据库、城市规划专题数据库以及结合社会经济统计信息建立的在线动态地图集数据库，通过在线共享向政府、企业和公众提供空间信息服务。2019年深圳开始建设可视化城市空间数字平台，运用BIM、倾斜摄影、GIS、三维场景构建等技术，围绕土地、建筑、房屋和人（法人）实时动态管理，以空间编码为核心，对空间网格、地址信息和各类属性进行动态关联，着重对重大公共设施、重点片区建筑、管线地质等地下空间进行三维建模，形成覆盖全市、地上地下一体、海陆一体的地楼房权的数据整合与可视化呈现，初步实现数字城市的"孪生映射"。

2. IoC智慧中心实现"一屏感知"

2018年11月，深圳与华为联手打造的IoC智慧中心正式启用，成为全国首个集"数据汇聚分析、运行指挥联动、成果体验展示"于一体的智慧中心。IoC智慧中心搭建科学的指标体系和分析模型，融合存储运算、数据分析、指挥调度、展示体验等功能，运用大数据、视频可视化、云计算、融合通信等技术手段，将经济运行、安全维稳、应急事件等城市运行关键指标可视化，通过一体展示的大屏，从宏观、中观和微观各个层面洞察城市运行状况，提供城市全景视图，实现城区总体态势"一屏感知"，为科学决策、精准施策提供有力保障。IoC智慧中心以"掌上天眼"基础平台为支撑，通过集成3万余个高清视频监控、601个高空全景点、1万多个物联智能杆，对重点区域、重点路段、重点部位进行全覆盖实时监测，并在GIS、物联网等技术的支撑下，自动生成"时态数据模型"，提供全覆盖、高精度的电子地图服务，精准定位全区人、物、地、事、情等城市管理要素，实现了基于"一张图"的社会治理应用。

3. 信息惠民实现"一站式服务"

基于移动互联网、GIS等技术,深圳大力推动民生服务、城市管理等方面的智慧应用。一是在智慧政务方面,建成上线全市统一的政务服务App"i深圳",汇聚政务服务、公共服务和便民服务资源,为市民提供"一屏一账号"线上服务统一入口,政务服务事项100%网上申报、100%网上审批,基本实现政务服务"一号走遍深圳"。二是在智慧交通方面,深圳构建航空、港口、地面、地下、快速、慢速相融合的智慧综合交通服务体系,提供一体化、智能化交通出行服务。三是在智慧健康方面,建成健康档案共享平台,基本实现了全市居民健康档案信息的共享;推进"健康深圳"建设,提供预约挂号、诊前咨询、费用支付、结果查看、诊后服务、电子健康档案等移动互联网医疗服务。四是在智慧人社方面,运用大数据和人工智能技术,率先在全国开展应届毕业生接收"秒批"改革,全面打通人才引进通道;实现了手机"刷脸"认证领取养老金,20家三级医院实现跨省异地就医住院费用直接结算。五是在智慧教育方面,全市中小学入学申请实现网上一次申报,多部门信息共享协同审核,提升了办事体验。六是在智慧住建方面,运用大数据、物联网、BIM等技术,高标准构建智慧住建数字化平台,形成城市级的BIM数据中心,并在全国率先出台《房屋建筑工程招标投标建筑信息模型技术应用标准》SJG 58—2019。

4. 数字经济发展水平领先全国

作为全国数字经济发展领先城市,深圳将数字经济列为重点发展的七大战略性新兴产业之一。近年来,对数字经济领域的支持力度不断加大,出台了多项促进大数据、云计算、信息技术应用创新等产业发展专项政策,数字经济持续保持快速增长态势,成为引领区域经济发展的重要推动力。深圳发挥华为、腾讯、中兴、海能达等龙头企业的带动作用,不断推动创新资源要素集聚,带动一批中小企业快速成长,推动智慧城市方案、产品、服务等创新成果的产业化,打造智慧化的产业孵化体系,逐渐形成了创新活跃的智慧产业生态效应。深圳得益于技术创新驱动,目前在5G通信、AI、智能可穿戴设备等新一代信息技术应用领域已经处于全球领先地位,为CIM应用奠定良好基础,其中,作为首个国家创新型城市,据2019年年底数据,深圳拥有292家人工智能企业,居世界第八,已逐步形成了覆盖设计、开发、制造、服务等环节的全链条人工智能产业体系；通信产业设备研发能力及市场占有率位居全球第二，基站、交换机、路由器、手机等重点产品产量居世界前列。

11.1.3　特色案例——深圳城市运营管理中心

深圳城市运行管理中心采用中国电子科技集团投资建设运营、政府分期购买服务的方式，形成"城市运营管理中心+公安指挥中心"的"平战结合"双中心运营管理体系，于2017年正式运营，已接入交通、安全、生态、环保等24个政府部门300多个GIS业务图层、80余个业务系统共计200亿条数据，构建了"1+12+N"一体化指挥体系，集城市大数据运营、城市规划、综合管理、应急协同指挥等功能于一体，是技术、业务、数据高度融合的跨层级、跨区域、跨系统、跨部门、跨业务的综合协同管理和服务平台，作为城市运行管理的"大脑"和"神经中枢"，能实现对城市运行状态的全面感知、态势预测、事件预警和决策支持，事件发现量提高3.4倍，事件处置率提高8.6倍，事件办结率提高4.4倍，有力地促进了城市治理体系和治理能力现代化。

1. 建成公共信息服务门户，实现数据共享联动

依托深圳超算中心，全面接入城管、交通、公安、气象、网格办等电子政务资源数据，并汇聚接入电信运营商、基础设施运营商以及互联网企业等社会数据，形成了一个跨地域、跨部门、跨业务的城市大数据资源共享池，实现城市数据资源的互联互通、共享交换、业务协同，可实现对城市综合态势信息的采集分析，再通过可视化手段将数据直观呈现。通过对日常事件的统一接报、统一分拨、统一督办和融合处理，提升城市公共服务和事件的快速协同处置能力，实现城市管理从"被动反馈型"到"主动出击型"的转变，让城市治理体系和治理能力变得"智慧"起来。

2. 上线可视化集成平台，实现城市综合态势一张图

在国内率先上线新型智慧城市可视化集成平台，综合运用"互联网+"、北斗、大数据、云计算、人工智能等技术，建立全市事件监测体系，统筹分析新型智慧城市各行各业大数据，监控事件发展、监督事件处置，人工智能预测事件、事由的态势演变趋势，

评估预测可应对突发应急事件的措施与方法，形成全市事件综合态势一张图，实现对城市的综合治理、应急指挥、公共安全、生态环境、宏观经济、民生民意等状况的有效掌控和科学管理，全面支撑各级领导科学与智慧的决策与行动，为城市高效精准的管理和安全可靠运行提供支撑。

3. AI助阵交通大数据分析，城市交通管理服务水平大幅提升

基于交通时空引擎、交通知识图谱、GIS、RS等技术，深圳城市运行管理中心交通大脑，构建多层次一体化交通模型库和多维度综合评估体系，对交通流量、交通事件、交通信号控制等交通大数据进行多维度时空分析，提升城市交通对策及演化全程掌控的中长期治理、城市交通综合体征量化观测的短期治理、动态监测的实时交通管控以及全链条、个性化的出行服务能力，投用后道路通行能力提高8%以上。同时，通过城市交通大脑的大数据平台及交通分析建模引擎，创建"失驾""毒驾"、多次违法等大数据分析模型，30分钟即可形成情报精准推送，帮助开展数据打击专项行动精准查处，定向清除。

11.2　上海：创新引领、绿色发展的国际"智慧都市"

上海针对大城市发展面临的突出问题，全面推进面向未来的智慧城市建设，聚焦新一代信息基础设施、政务服务"一网通办"、城市运行"一网统管"、人工智能等数字经济创新发展等领域，构建了城市"一盘棋"治理体系，信息技术创新能力、信息基础设施能级和智慧应用水平不断提升，智慧生活场景不断丰富，有效稳步提升市民获得感和满意度，国际化智慧都市正在形成。

11.2.1　智慧城市建设部署、目标及特色亮点

上海作为东方之滨的一颗璀璨明珠，是国内较早部署智慧城市建设的城市之一。近年来，上海坚持技术和机制双轮驱动，注重大数据、人工智能等新兴技术在智慧城市领域的融合应用，大力推进数据资源整合和开放共享，同时通过创新服务与管理模

式，促进智慧城市应用向民生服务、城市治理、产业经济等领域全面渗透。2016年10月，上海获批国家大数据示范综合试验区。在中国城市科学研究会发布的《2019城市数字发展指数报告》中，上海位列"数字一线城市"前三甲。2020年2月，上海发布《关于进一步加快智慧城市建设的若干意见》，计划在未来三年内，将聚焦政务服务"一网通办"、城市运行"一网统管"、数字经济全面赋能三大建设重点，加快推进新一轮智慧城市建设，将上海建设成为全球新型智慧城市的排头兵，国际数字经济网络的重要枢纽。

11.2.2　智慧城市建设主要做法和成效

1. 新一代信息基础设施建设全面加速，城市支撑能级提升

新一代信息基础设施是提升城市能级和核心竞争力的重要载体。近年来，上海出台了《上海市推进新一代信息基础设施建设助力提升城市能级和核心竞争力三年行动计划（2018—2020年）》《上海市推进新型基础设施建设行动方案（2020—2022年）》，提出打造全球新一代信息基础设施标杆城市，构建深度感知的城市物联体系，让"新基建"成为上海经济高质量发展和城市高效治理的重要支撑。目前，全市已实现核心城区5G室外覆盖，上海固定宽带平均可用下载速率连续6年领跑全国。截至2020年3月底，上海共接入57种16.6万个社会治理类传感设备，每日汇集数据超900万条，构建起一张整合的城市级物联基础设施的"数据湖"网络。在试点区域内，已完成对果壳箱、窨井盖、电箱、道路扬尘等进行物联网改造，在交通、健康医疗、食品安全、环保、城市公共设施五大领域打造大数据创新应用，面向社区安全、养老照护、环境监测、电梯安全等15个场景，形成规模性城市管理数据自动化采集能力。

2. 城市运行"一张图"管控，助力城市"一盘棋"综合治理

上海以服务智慧城市建设和管理决策为突破口，运用三维建模、BIM、倾斜摄影建模、智能分析、模拟仿真等新兴技术手段，建设涵盖空间地理数据、属性数据、业务数据的行业数据资源中心和共享交换平台，在不断探索整合多元数据、搭建城市信息模型等基础上，逐渐形成精准监测、主动发现、智能处置的城市"一盘棋"治理体系。

自2012年以来，上海陆续实施了智慧城市地理信息空间框架、智慧城市时空信息数据与云平台等时空信息服务基础建设项目，为政府、企事业单位和社会公众提供精准、实时的时空信息服务，为智慧城市提供统一的时空基础。2017年，上海启动了"智慧临港BIM+GIS城市大数据平台"的建设，通过BIM、GIS、CIM等技术融合，构建了精细化的"虚拟城市"。作为首个城市级地理建筑设施融合的数据平台，"智慧临港"覆盖了整个临港315平方公里城市空间，构建了从建筑内到建筑外、从地面到地下的全方位三维模型，可精细到对每个路灯、每个变电箱进行对象化管理，能够实时感知城市人口热力图、实时交通车流、停车库状态、视频实时监控等城市运行态势，实现整个城市的动态治理和决策支撑。

3. 信息化服务民生关切，助力上海建设有温度的宜居城市

上海致力于通过信息化技术服务民生关切，从交通、治安、医疗、教育等方面建设成为有温度的宜居城市，市民获得感和满意度稳步提升。一是在智能交通方面，运用GNSS等技术，对超过258条公交线路、3644个站点实现公交实时到站信息预报服务，上海交通App已覆盖全市超过90%的公交线路，全市经营性公共停车场（库）实现全面信息联网，联网信息准确率超过90%。二是在智慧治安方面，"上海公安大脑"采用实景三维建模技术构建上海市区4000平方公里的实景三维模型，采用语义化建模技术构建了150万栋重点建筑的单体模型和3000万分层分户模型，将城市粒度降到以户为单位，对人群监测、智能巡屏、违章停车、消防联动、道路拥堵等进行多维度、全方面感知，实现对入户嫌疑人识别跟踪、燃气泄漏实时预警、重点建筑及景点周边大客流应急处置等公共安全风险的及时识别、科学决策和准确指挥，提高城市公共安全。三是在智慧医疗方面，加快构建基于多维度生理指标的"数字化个体"，提高医疗服务精准性。全市38家市级医院中已有37家实现检验检查结果互联互通互认，基本实现全市公立医疗卫生机构的互联互通和数据共享，建成国内最大的人口健康大数据中心，汇聚300多亿笔临床诊疗数据，全市卫生行政部门设置的公立医院与社区卫生服务中心实现信息联网全覆盖。四是在智慧教育方面，搭建智慧空中课堂在线平台，全市无线网络全覆盖学校占比、互动式多媒体教室占比、教师移动终端设备配备率等指标超过80%。

11.2.3　特色案例——浦东新区城市运行综合管理中心

浦东新区城市运行综合管理中心于2017年9月4日启动试运行，是浦东推动构建社会治理体系和治理能力现代化的重要平台。2018年11月6日，习近平总书记前往浦东新区城市运行综合管理中心考察时强调，一流城市要有一流治理，要注重在科学化、精细化、智能化上下功夫。浦东新区城市运行综合管理中心通过综合运用大数据、云计算、人工智能等技术，与物联网、视联网、数联网等感知平台对接，建成较为完善的"神经元系统"，形成多元数据自动化实时采集与汇聚模式，智能分析综合数据，判断出问题的症结所在，然后迅速"对症下药"，真正实现"一网统管"。浦东新区城市运行综合管理中心按照"多种平台合一、多项任务切换"的建设原则，实现平急结合、综合管理、运转高效，增强了对群众需求和城市管理问题的感知能力，增强了对城市运行趋势和问题演化的研判能力，提高了对城市各类事件和疑难问题的处置能力，全面提升了浦东治理体系和治理能力现代化水平。

1. 城市运行可视化，助力城市治理精细化

城市治理离不开城市感知，浦东新区城市运行综合管理中心接入109个单位341个系统，部署物联感知设备近4万个，与公安共享视频8000多路，通过"数据广归集、设备广联通"，打通各部门数据，基本实现基层管理的纵向到底、横向到边。围绕城市设施、城市运维、城市环境、城市交通、城市安全、城市执法六大领域的城市运行智能管理体系，构建了生活垃圾处理、工地不文明施工、空气污染、噪声扰民等50多个智能化场景，相继上线了电动车防盗系统模块、老人行动轨迹监测模块、违章车辆模块等，全区36个街镇设有城运分中心、1300多个村居社会治理联勤联动站，实行指挥长负责、联席指挥、联勤联动、快速处置的运行机制，已完成覆盖区、街镇、村居三级城市运行综合管理体系建设，大大缩短任务单流转时间，促进社会矛盾的"微循环、微治理"，初步实现了"组织成体系、发现智能化、管理可闭环"的小目标，走出一条符合超大城市特点和规律的社会治理新路径。

2. 网格数据联网，整治群租乱象

浦东新区群租房安全隐患较多，传统手段是派网格员深入监督检查，耗费大量时间

和人力。浦东新区城市运行综合管理中心通过GIS定位等技术，将辖区内建筑联网，分割成可感知的网格，通过算法优化进行分析研判。例如分析定点位置内的外卖联网数据，一旦一户一个礼拜内有4个以上点外卖活跃账号，就判定为异常；再通过水电气与人口、房型进行比对，发现疑似群租问题即向城市中心发出警示推送，由相关部门上门进行核实，短时间内就能完成整治工作。彻底将传统式人工撒网巡查、接群众举报的被动治理模式，转变为数据智能识别、精准联合整治的主动治理方式，工作效率显著提升。2019年以来，共查实整治群租房8000余件，其中智能发现的有4867件，比群众举报的多了1640件。

3. 智联感知设备，实现事前预防

浦东新区城市运行综合管理中心尝试用大数据、人工智能、GIS定位等"智慧"手段，将网格化管理精细到社区治理的方方面面，让城市运行更安全、更高效。在沪东新村街道试点，为2000多户孤寡独居老人、残疾人家庭和失独家庭免费安装了"居家安防三件套"——烟雾传感器、红外感应器和紧急按钮，对起火、煤气天然气泄漏、独居老人的生命健康进行实时监测与预警，"三件套"与城市运行综合管理中心连线，一旦报警，就会在中心显示屏红色区域实时显示出来，定位具体位置，为老弱家庭提供安全救助与保障。中心还运用数据分析技术，为社区安防提供精确的分析和决策支持，运用现代化信息技术，将管理触角延伸到社区的"神经末端"，将传统的事后追查变为事前预防，实现全覆盖、无死角，不断提升社区的精细化管理水平。

11.3　宁波：系统部署、重点突破，引领新型智慧城市建设

2010年，宁波以上海世博会首个主题论坛——"信息化与城市发展"成功举办为契机，在国内率先提出并系统部署建设智慧城市。宁波在创建智慧城市的探索实践中，高标准、重谋划、抓落实，不断创新体制机制，优化发展环境。基本形成了基础设施领先、信息惠民完善、城市协同治理、产业融合发展的新格局，先后获得了智慧城市领军城市、中国智慧城市示范城市奖、中欧绿色和智慧城市"卓越奖"等40余项荣誉奖励，智慧城市已成为宁波城市的新名片。

11.3.1　智慧城市建设部署、目标及特色亮点

宁波地处长三角，是我国东南沿海重要的港口城市、长江三角洲南翼经济中心。2010年，宁波市以上海世博会首个主题论坛——"信息化与城市发展"在甬成功举办为契机，拉开了谋划智慧城市建设的序幕。2010年9月10日，宁波市委召开常委会，审议通过了《中共宁波市委　宁波市人民政府关于建设智慧城市的决定》（甬党［2010］14号），标志着宁波在国内率先提出并系统部署智慧城市建设。为更好地统筹推进，"加快创建智慧城市"被列为"十二五"期间宁波全市"六个加快"重大战略之一，并发布了《宁波市加快创建智慧城市行动纲要（2011—2015）》等政策文件，明确提出"十大智慧应用体系、六大智慧产业基地、四大智慧基础设施、三大居民信息应用能力"建设的顶层设计，掀起了建设热潮。此后，宁波相继制定了《宁波市智慧城市发展"十三五"规划》《宁波创建新型智慧城市三年行动计划（2017—2019）》等政策文件，不断为智慧城市建设指明方向。在领导重视、政策引导、合力推进下，宁波始终遵循"数据驱动、业务协同、产业融合、应用升级、信息安全"的建设路径，智慧城市建设成效明显。

11.3.2　智慧城市建设主要做法和成效

1. 网络基础设施向"感知化"发展，建设水平保持全国领先

信息基础设施是智慧城市建设的重要支撑。宁波以国家"宽带中国2020"为指引，按照"基础先行、集约建设、融合共享、规范管理、适度超前"的建设思路，充分发挥电信、广电运营企业、互联网企业等主力军作用，重点推进光纤网络、移动宽带网络、窄带物联网、视联网络等网络基础设施建设，不断提升信息基础设施承载、枢纽汇聚和网络服务能力，"海天地"一体化信息基础设施逐步完善。2012年5月，印发《宁波市"光网城市"建设三年行动计划（2012—2014）》，大力实施"光网城市"和"无线城市"等工程，着力构建宽带、泛在、融合、安全的信息通信基础网络。到2017年，已实现光网城乡全覆盖，城乡平均接入能力达100M和50M，提前实现"宽带中国"的2020年建设目标。全市移动带宽能力不断迭代提升，从2012年3G网络全市城区覆盖，到2017年4G网络全市域覆盖，再到2019年成为全国首批四个5G试验网建设城市之一，5G网络快速部署推进，实现了质的飞跃。

2017年，全国首个城市物联网开放平台在宁波启用，在主城区NB-IoT网络覆盖开通的基础上，利用物联网、GIS、遥感、BIM、CIM等信息技术，将城市的垃圾桶、窨井盖、水表、电表、公交车、公共自行车等设施设备相连接，提供"全方位、一站式"的接入服务，现已连接传感器超400万个，初步实现了城市物联网应用系统的统一接入、统一支撑、数据共享、服务汇聚，促进了传统制造业的转型升级，形成了宁波特色的物联网生态系统。

2. 城市地理空间数据"一张图"建设，整合共享不断深化

数据整合共享是智慧城市建设的"源泉"。宁波以国家大数据、数字中国发展战略为引领，按照"信息共享、系统集成、业务协同、服务决策"的要求，加强顶层设计，不断加快数据资源尤其是城市地理空间数据的整合共享步伐。2010年，宁波提出建设智慧城市后，便启动了自然资源和空间地理基础数据库建设，成为智慧宁波建设的三大基础设施之一。2012年，自然资源和空间地理基础数据库进入二期建设阶段，不断丰富平台数据和服务内容，推进共享交换平台的横向与纵向应用拓展，与发展改革、城管等16个部门21个系统实现了数据共享。为加强保障建设，宁波市政府出台了《宁波市地理信息共享服务管理办法》《关于加快推进"智慧宁波"地理信息共享服务平台建设与应用的实施意见》等政策文件，制定了《宁波市电子地图数据补充规定》等多个标准规范。2016年，时空信息数据库向多时态、多尺度、多类型延伸。相继完成了2012—2016年全大市电子地图数据库、地名地址数据和PoI数据库，88批次遥感影像数据库，高程精度达20厘米的全市高精度地表模型，约400平方公里的城市三维数字地图、2.5维电子地图和全景影像数据库，沿海3000平方公里的三维水下地形建设等建设。2019年，宁波国土空间基础信息平台建成，采用"平台统一规划、数据分级整合、省市两级建设、省市县三级应用"的模式，提供坐标检查、项目定位、地类占用分析、基本农田占用审查、重复批地审查等服务，采用可视化、向导式等方式，提高信息资源复用性，快速响应各类数据共享与业务协同需求，累计归集55大类、169小类空间数据，实现纵向贯通和横向共享，形成全市土地、矿产、林业、海洋等自然资源"一张图"。

3. 智慧应用"联动式"供给，协同治理格局逐步形成

宁波在智慧城市建设过程中，积极运用三维GIS、大数据、物联网、CIM等新一代

信息技术，持续深化在基层治理、安全管理、生态环保等各领域的深度应用，提高城市精细化管理水平，打造城市协同治理的新格局。（1）在基层社会治理方面，运用GIS、物联网等技术，采用"以房管人"和"标准地址库"建设要求，将全市10个区县（市）、156个乡镇（街道）划分为1.2万个网格，涵盖自然人、组织机构、房屋和地址四大类基础数据，建成"上联下通、横向到边、纵向到底、互联互通"的基层数据汇聚交互体系，促进条线业务协同和联动，形成了基层社会管理服务事项全覆盖、跨部门、跨层级的"综合治理"格局，全方位提升基层社会服务管理水平。现已汇聚人口数据903万、组织机构110万、房屋数149万，实现信访、综治、公安、市场监管等十多个条线部门的22类基层业务事件的自动流转和协同处置。（2）在智慧城管方面，广泛应用视频监控、物联网、移动互联网、北斗卫星遥感等新技术，自2012年智慧城管中心验收启动，到2019年智慧城管二期建成，对窨井盖、道路、桥梁、停车场等进行视频监管和物联感知，实现153平方公里实景信息采集，形成全方位、立体式覆盖。重点对三江口10平方公里全时空试点建设，运用三维GIS、视频拼接等技术，对接地下管线数据，实现地下、地面、地上三位一体，静态与动态相结合的全方位、无死角的实时监管，让城市变得"耳聪目明"。（3）在智慧网络订餐方面，运用"移动互联+GIS地理信息"技术，根据区域做地图化显示分类，帮助执法人员抓取方圆几百米至几公里以内网络订餐违规行为。随机选择一个位置，网络订餐智能监控系统可在2秒内自动显示方圆1公里内的违规餐饮单位，并对违规店铺的所在地理位置进行实时导航、快速定位，大大提高执法效率。（4）在智慧安保方面，持续推进智能警务亭、智安小区和人脸车脸卡口布建，不断完善"覆盖全域、智能动态、紧扣实战"全息感知网络，建成集105万个关注点、660个图层的"六图合一"超级地图，实现城市治理管理"一张图"。

11.3.3　特色案例——智慧宁波时空信息云平台

智慧宁波时空信息云平台作为宁波智慧城市建设的重要空间信息基础设施，基于全市330万幢建筑实体，运用"物理集中、逻辑分离"建设模式，利用GIS、大数据、云计算、物联网等技术，探索CIM建设，已与10余个委办局实现300个图层的在线共享，实现数据库的融合共享，是宁波市政务与民生时空信息融合、关联、共享的载体，为政府各级部门、企业和社会公众提供强时空数据分析支撑服务、基础设施云GIS服务等空间化和标准化地理信息服务。已成为更透彻感知、更广泛互联、更智能决策、更灵性服务和更安全可靠的地理信息服务平台，广泛应用于健康、教育、城市规划、城市管理等多个领域，形成全市统一的时空信息服务格局，构建了"智慧城市管理的一张活图"，应用成效明显。

1. 建立预测人口模型，科学实现学区预警划分

智慧宁波时空信息云平台用大数据空间统计分析、人口矩阵预测、可视化等技术手段，对居民点所在学区合理性进行评估，结合可达性指标，建立学区人口预测模型，直观展示小学学区入学儿童的发展趋势，科学预测学区未来发展规模，有助于学区学校提前了解未来若干年内入学儿童数量，为合理分配教育资源、调控生源数量、划分学区等提供科学合理的决策参考。

2. 建立$PM_{2.5}$模型，科学改善空气质量

智慧宁波时空信息云平台用大数据空间插值分析、时空统计、可视化等方式，直观展示了宁波市$PM_{2.5}$浓度的季度变化规律以及与季度风向、温度、天气之间关系，实现了环保信息数据的$PM_{2.5}$时间序列分析，有助于环保部门了解和洞察$PM_{2.5}$日平均浓度的季度规律以及污染比较严重的时空范围，结合风向和其他因子分析外部和内部污染源及其防治措施，为环保部门改善宁波空气质量建设提供参考信息。同时，结合人口密度对潜在人口$PM_{2.5}$暴露水平进行评估，对综合指标值较高（即超标比例较高和人口密度较大）的地区加强空气质量改善措施，为降低$PM_{2.5}$污染对人体健康的影响提供决策参考。

3. 发布疫情地图，科学助力疫情防控

智慧宁波时空信息云平台基于在线地图服务、医院位置数据等信息，充分发挥时空大数据、GIS地理空间分析等技术优势，详细搜集全国、全省以及重点关注的宁波各区县（市）疫情信息，制作发布了"宁波市疫情地图"，用空间可视化方式展示疫情发展动态，方便市民准确及时地掌握本市和各区县（市）的疫情动态以及提供在线服务的定

点医院。市民可以通过疫情动态页面，快速掌握各区域疫情变化情况；通过汇总的病例信息查看宁波地区疫情发展过程、病例画像特征以及疫情变化趋势等。并在疫情地图的基础上，结合百度慧眼大数据、国土空间规划分析挖掘等，评估各区域被感染风险，实时为宁波"战疫"提供信息支撑服务。

11.4　杭州：互联、在线和智能，一个会思考的智慧城市

杭州以打造"天堂硅谷"为目标，大力发展智慧产业，并以城市大脑为重点，推进民生服务、城市运行、政务管理等重点领域建设。杭州市在数据归集过程中坚持目标和需求导向，大力推进政务数据广泛汇集共享，推进"最多跑一次"改革；针对民生服务需求，丰富城市民生应用场景。并以城市大脑建设为核心，坚持创新引领，着力构建平台型人工智能中枢，城市大脑成为市域治理能力现代化的"重要窗口"，正在积极打造互联、在线和智能，一个会思考的智慧城市。

11.4.1　智慧城市建设部署、目标及特色亮点

杭州是长江三角洲城市群的核心城市，以电子商务、物联网、云计算、大数据、信息系统集成等为核心服务内容的信息产业高度发达，具备建设新型智慧城市的优良"基因和血统"。2012年9月，杭州发布《"智慧杭州"建设总体规划（2012—2015）》，首次提出了要构建智慧创新城市、打造东方品质之城、建设幸福和谐杭州。2017年8月发布的《"数字杭州"（"新型智慧杭州"一期）发展规划》进一步明确，要构建便捷高效的信息感知、信息共享、应用服务体系，以打造"天堂硅谷"为目标，大力发展智慧产业，并以杭州城市大脑为试点，重点推进民生服务、城市运行、政务管理等重点领域建设。经过多年建设发展，城市大脑从1.0走到了3.0，覆盖了交通治理、环境保护、城市精细化管理、区域经济等诸多城市治理领域，政府整体数据分析能力显著提高，处理复杂社会问题有了更多新的手段。2019年12月，中国城市科学研究会发布的《2019城市数字发展指数报告》显示，杭州居"数字一线城市"榜首。

11.4.2   新型智慧城市建设主要做法和成效

1.   强化数据标准化治理能力

数据的标准化是实现政务数据共享共用的第一步，杭州通过建立一体化"数据语言"（城市数据定义与标准），构建了一套包含500多个指标的城市信息数据指标体系，为建立城市级别的CIM平台奠定标准基础。既能实时刻画城市运行状况，又能支持各行业的精准管控，并为城市的发展历史规律分析提供数据基础，帮助各部门向公共服务产业生态圈开放。除此之外，杭州还提供相配套的标准化数据工具用于数据治理，提供历经互联网实战检验的一整套标准化大数据服务组合，包括数据集成、数据开发、数据质量监控、数据资产管理等大数据技术产品，为海量数据开发和全城协同治理提供强有力的工具支持。

2.   推进政务数据汇集共享

为推进大数据运用，杭州市提出政务数据要"无条件归集，有条件使用"的原则，在数据归集过程中坚持目标和需求导向，通过现场需求对接会的方式，让数据需求部门和数据提供部门面对面沟通，确认需求数据的具体内容和要求，为数据精确交换奠定基础。到2017年年底，杭州已组织召开需求对接会42次，涉及部门45家，细化数据需求226项，数据汇集速度提升了2—3倍。截至2019年8月，已经打通9个网络、50多个业务系统，整合了地理空间框架数据、单元网格数据、部件数据、地理编码数据和摄像头视频等数字正射影像数据和实景影像数据近1000PB，为形成更大范围的城市信息数据应用提供了数据保障。

3.   丰富城市民生应用场景

在日新月异的今天，群众对民生服务的需求不断提高，杭州从惠民利民入手，打造了一系列生活应用场景。如卫健系统的"舒心就医"，原来到医院就诊、挂号、放射检查、化验、配药每个环节都要往返付费，在杭州城市大脑的协同下，在本市参加医保且信用良好的病人，就医全程无需先付费，就诊结束后48小时内通过自助机、手机等方式一次性支付，实现"最多付一次"，已在220多家医疗机构推行，医院的收费窗口减少了一半以上。又如杭州便捷泊车，利用GIS和GNSS技术，将车主与泊位实现精准对接，通过扫码一次，终身绑定，全城通停，并实现"先离场后付费"，该应用已覆盖杭州全市，开通场库1857个，开通泊位30.3万个。再如文旅系统，基于GIS、GNSS、RS技术，形成一张杭州旅游全貌图，已将10秒找房、30秒入住、20秒入园等应用场景成为现实，在西湖景区所有景点和全市四星级以上酒店做到了全覆盖。

4.　数字经济规模持续壮大

从"天堂硅谷"到"一号工程"，从建设创新型城市到打造具有全球影响力的"互联网+"创新创业中心，杭州依托信息产业，积极打造全市智慧产业核心区和示范区。在高新区制定智慧产业发展路线图，主攻网络基础产业和物联网、互联网三大领域，重点支持集成电路设计、大型软件系统研发、高端计算机研制、高端网络设备制造、大数据、信息安全、电子商务、互联网金融、网络传媒等12个细分产业行业。杭州数字经济从小到大、由弱到强，走在全国城市前列，正在打造建设，力争为具有国际一流水平的全国数字经济理念和技术策源地、企业和人才集聚地。2019年数字经济核心产业实现增加值3795亿元，数字经济增加值占全市经济总量的1/4以上，对全市经济增长贡献率达到1/2以上，在全省数字经济中的比重达到1/2以上。

11.4.3　特色案例——杭州城市大脑

杭州城市大脑起步于2016年4月，以交通领域为突破口，综合运用CIM/BIM、GNSS、GIS等技术，开启了利用仿真模拟分析改善城市交通的探索；2018年5月，杭州市发布全国首个城市大脑规划，首次确定了主要建设目标和应用领域；2018年9月，杭州市在云栖大会上正式发布杭州城市大脑2.0，管辖范围扩大28倍，覆盖全城420平方公里；2019年7月，城市大脑（综合版）发布，城市大脑步入3.0建设阶段，构建了纵向到区县（市），横向到各部门的组织架构，纵向形成如杭州城市大脑·上城平台等15个分平台；横向扩展的为"系统"，如杭州城市大脑·城管系统，已有50余个系统，形成虚实结合、孪生互动、迭代优化的城市发展新形态，迈出了从"治堵"向"治城"跨越的步伐。

1. 检测交通体征，优化道路通行效能

杭州城市大脑最早用于交通治堵，依托云计算、物联网、人工智能、大数据、实景三维等技术，将物理世界中复杂的交通系统进行数字化重塑，构建可被机器理解的数字孪生交通环境，通过数字孪生交通环境，杭州城市大脑可自动计算城市道路网密度、干网线密度、人均道路面积、时间可达性等多项指标，对路网进行分区、分段的空间拓扑评价。同时利用基于微观仿真实现对交通运行情况的近似模拟，从而实现对运行效率、路网负荷度进行分析评价，实现对交通的监测预警、应急处理。利用城市大脑，杭州上塘高架路22公里里程，出行时间平均节省4.6分钟，约为10%；萧山区104个路口信号灯自动调控，车辆通过速度提升15%，平均节省时间3分钟；2019年由于地铁施工等原因，总路面通行面积减少了19.2%，但道路通行速度却同比提高了15%，城市大脑发挥了重要作用。

2. 感知城市警情，消除社会安全隐患

对于每天发生的儿童走失、肇事车辆逃逸等案件，传统手段是投入大量警力的人海战术来查看各路口的监控视频数据，而杭州城市大脑·平安系统，通过结合"雪亮工程"建设，汇聚公安、安监、住建、卫生、工商、交通、食品药品监管、环境保护、应急、消防等部门数据。通过分析视频、互联网、物联网、GIS数据，在线感知警情态势，实现智能预测预警，对案件、舆情、热点、事件等警情进行全维度分析，提供警力、视频、卡口、舆情引导等警务资源调度方案，达到最优配置，实现快速指挥、调度、分析、决策，做到事态信息实时化、作战对象精准化、力量信息精确化、作战指挥可视化。目前杭州城市大脑具有世界第一的行人识别准确率（行人Re-IDonMarket1501比赛中识别率达96%）。2019年上半年，杭州市公安机关利用视频监控系统预防案事件数6000余起，协破刑事案件4700余起，抓获犯罪嫌疑人4200余人，协处治安案件7200余起，全市刑事案件同比下降8.9%。

3. 验证规划布局，辅助城市空间设计

杭州的基础设施建设日新月异，大量老城改造与新城同期建设，当前居民的居住

需求、未来城区发展定位等需要更精确的决策谋划，用传统的规划理念和方法存在一定局限性。杭州通过城市大脑"多规合一"规划管控子平台，将为规划编制、规划研究、规划审批提供决策服务平台。通过数字孪生技术，将十几张不同领域的规划"底图"变成一张简单明了的"蓝图"，并对城市进行大规模仿真、推演、预测，定位分析未来城市运行中可能遇到的瓶颈问题与社会风险，帮助城市规划师迭代升级全局设计方案，真正实现ODO（线上驱动线下Online Driven Offline）的数字新城。通过建立城市信息模型平台，汇聚如人口分布密度、绿地面积分布等静态信息，以及温度、交通流量等动态信息，构建城市风貌、控规等模型，实现用地统计、管线统计拆迁分析等功能，并通过GIS方式对城市温度、水势变化、空气动力等进行展示分析。为了科学编制杭州市国土空间总体规划，2020年3月，杭州市规划资源局成立了城市大脑应用专项工作组，借助城市大脑的BIM/CIM功能，通过定性和定量分析相结合来辅助解决规划问题。

11.5　贵阳：从自然生态到数据生态，打造大数据发展之都

贵阳市高度重视大数据发展，依托自然条件优势，统筹部署大数据战略行动，加快制定大数据发展的政策文件，明确工作推进机制，厘清发展思路，大力发展大数据产业，通过强化大数据标准建设、深化大数据应用和大数据创新载体搭建，利用大数据推动城市智慧化水平的整体提升，正在从自然生态优势到数据生态优势转变，积极打造大数据发展之都。

11.5.1　智慧城市建设部署、目标及特色亮点

贵阳没有一线城市的产业优势，长期以来经济社会发展相对滞后，但在大数据发展的契机当下，得益于大数据产业对于生态环境要求高、产业基础依赖小、环境负面影响小的特点，充分发挥能源和气候优势，规避了发展劣势。2013年先后提出《贵阳市智慧城市（2013—2015）建设纲要》《贵阳大数据产业行动计划》，2015年发布《贵安新区推

进大数据产业发展三年计划（2015—2017）》，贵阳积极探索智慧城市建设路径，以数字孪生规划建设"数博大道"，力图"弯道取直、后发赶超"，实现"云上突围"。

经过几年时间的快速发展，贵阳智慧城市建设取得了跨越式进步，数据资源加速集聚逐渐成长为"中国的大数据中心"，"社会和云"平台、社会治理"七大工程"应用与"数治白云"指挥中心现已实现并网联通运行。梳理CIM核心要素，将三维城市数字底板与实时感知、仿真模拟、深度学习等信息技术高度融合，进一步开展治安、城管、生态、诚信、教育等多领域智慧城市应用建设，推动社会治理智能化、精细化。2015年，全球首个以大数据为主题的峰会——贵阳国际大数据产业博览会落户贵阳，并于2017年正式升级为国家级展会活动。依托不断增大的影响力和快速发展的智慧产业，全市大数据企业超过5000家，占全省比重近70%，经济增速连续六年居全国省会城市之首，而且摘掉了"西部欠发达城市"帽子，勇夺"全球大数据之城"桂冠。

11.5.2　新型智慧城市建设主要做法和成效

1. 注重数据标准制定和信息安全

为了促进城市数据资源的最大化应用，形成贵阳城市"数据地图"，提升数据共享和利用效率，贵阳按照物理分散、逻辑集中的原则，通过数据汇交、清洗转换、入库更新等操作，规范数据标准，同时参考既有数据共享及服务标准，实现城市信息模型中的异构数据与功能资源的共享。此外，贵阳市注重网络信息安全，以建设大数据及网络安全示范试点城市为契机，积极推进法规与标准体系建设，颁布了《关于建设大数据及网络安全示范试点城市的实施意见》等多个大数据相关的地方性法规，提出打造大数据及网络安全自主创新中心、应用示范中心和政府监管中心，实施大数据及网络安全重点工程，集中全国优秀攻防队伍、领先安全厂商及相关资源，建设了覆盖商用与公共数据安全靶场，通过定期开展攻击与防护的应急演练，探索物理区域的立体化、纵深化、全天候数据安全防护模式，全面增强大数据安全防护能力。

2. 大数据创新应用特色明显

在大数据政用方面，贵阳市在40家市直部门实施"数据铁笼"工程，用数据编织规范制约权力的"笼子",实现权力运行处处留痕,倒逼行政权力部门规范执法;"党建红云"实现对党组织和党员干部"横到边、纵到底"的数据采集、分析、查询、追踪和应用;"社会和云"通过"一图一库四应用",建立了覆盖人、地、事、物、组织等多维度相互关联的数据库,通过BIM技术,实现精细到楼层、到户的社会服务和管理。在大数据民用方面,贵阳在健康医疗、教育文化、交通旅游、精准扶贫等领域深入推进大数据应用,"筑民生"综合平台向市民提供了社区服务、教育、民政、社会保障、交通、扶贫、医疗、政务服务8个试点领域100项以上的服务。在大数据商用方面,贵阳积极开展"大数据+产业深度融合行动",在工业领域开展了"千企改造・大数据助力企业转型升级专项行动",形成一批试点示范项目。在服务业领域,以智慧旅游助推旅游业"井喷式"增长,电子商务、智慧物流快速发展,大数据金融服务提速升级,成立全国第一家从事数据资产投资业务的大数据投资机构——贵阳数据投行有限公司。在农业领域通过"大数据+农业深度融合"专项行动,有效推动了"网货下乡""农货进城""黔货出山",在1300个贫困村设立了电商网点,"贵农网"农村电商平台覆盖了420万农村居民,带动农村电商快速发展。

3. 搭建大数据创新载体引领发展

贵阳市高度重视大数据发展创新平台建设,不断优化发展环境。

一是建成了中关村贵阳科技园。2013年9月,贵阳以建设中关村贵阳科技园为平台,拉开了京筑两地创新驱动区域合作的序幕,一批云计算、大数据等前沿科技安家落户,大批科技合作项目扎实推进,创新要素源源不断地涌入贵阳。北京市科委与贵阳市共同成立的首都科技条件平台贵阳合作站和北京技术市场贵阳服务平台,使贵阳在科技资源共享上与北京实现了"同城待遇"。

二是组建了一批大数据研发机构。贵阳与企业或院校合作,建成了贵州省大数据产业发展研究院、贵州大学公共大数据重点实验室、贵阳-微软块数据实验室等大数据科研平台,成立了贵阳大数据创新产业(技术)发展中心、贵州伯克利大数据创新研究中心等一大批创新平台,并获批国家首个大数据工程实验室。

三是搭建了数博会高端平台。自2015年起,贵阳已成功举办5届中国国际大数据产业博览会。2017数博会上升为国家级国际展会,成为全球大数据领域影响最大、权威引领性最强、专业化程度最高、业界精英汇聚最多的国际性平台之一。

四是构建了大数据创业创新平台。秉持众创、众包、众扶、众筹理念，围绕大数据全产业链，打造了"创客空间—孵化器—加速器—产业基地"的培育链条。首创"痛客"概念，2016年3月启动"痛客计划"，成功举办首届"中国痛客大赛"，构建了集"痛客+智客+创客+投客"于一体的"双创"链条，进一步激发了大众创业、万众创新的新活力。

11.5.3 特色案例——"中国数谷"消除信息孤岛

2015年2月，经工信部批准，贵阳、贵安新区共同创建国家级大数据产业发展集聚区，贵阳正式成为"中国数谷"；2016年2月，全国第一个大数据综合试验区——国家大数据（贵州）综合试验区落户贵阳。在国家政策以及产业集聚的支持下，贵阳率先深入推进政府数据共享开放各项工作，构建"物理分散、逻辑集中"的政府数据共享交换管理体系，将建筑、市政、道桥、水利、园林等BIM数据组合进行跨层级、跨地域、跨系统、跨部门协同管理和服务，构成了城市级的CIM数据中心。2017年1月，政府数据开放平台（data.guiyang.gov.cn）正式运行，在数据开放方面取得了显著成效，截至2020年2月，已开放1255万条数据、2806个数据集、397个API。根据2019下半年"中国开放数林指数"，贵阳借此蝉联地级市综合排名第一。

1. 强化政府数据共享开放领域的制度建设

政府数据开放共享涉及多种较为复杂的问题，随着数据开放共享的深度发展，需要不断完善政策法规与标准。为此贵阳制定了《贵阳市人民政府关于贵阳市加快推进政府数据共享开放的实施意见》《贵阳市政府数据共享开放条例》，提出了加快推进政府数据共享开放的主要目标，明晰标准规范，打破利益格局，实现政府部门间数据共享、面向社会数据开放，推进政府数据开发应用，为实现政府数据公平有序地共享开放指明了方向。

2. 构建政府数据共享开放的"六平台"体系

贵阳市以"六平台"作为数据共享体系中的重要载体，整合本地数据、国家数据和互联网数据，建设块数据资源池，通过政务数据与BIM、GIS的集成应用，实现了城市透明化与数字化，成为智慧城市建设中不可或缺的大数据基础设施。"六平台"即云上贵州·贵阳平台、政府数据共享交换平台、政府数据开放平台、数据采集平台、数据增值服务平台和数据安全监管平台。依托云上贵州·贵阳平台，贵阳市统一建设了政府数据共享和开放平台，构建了数据共享流通管道，编排了政府数据资源全量活化目录，从而实现政府数据资源目录集中存储、统一管理。政府数据共享交换平台采用多源异构数据"索引管道式"共享交换模式来提供数据服务，形成政府数据的块上聚集，实现数据请求的按需响应、按需服务。政府数据开放平台采取"主动开放+依申请开放+契约式开放+孵化式开放"的数据开放模式，成为国内首个技术先进、架构完善、模式多元的地级市一体化政府数据开放平台，为开发者提供智能引导、RDF格式、全量目录下载、自定义场景等功能。数据采集平台依托全市统一的政务外网，利用DaaS平台API生成技术，构建政府部门多源异构数据的"活化"采集通道和数据目录，在数据与CIM之间架起桥梁，让整个城市的数据处于鲜活状态。数据增值服务平台提供了包括数据采集与接入、数据目录服务、数据存储、数据清洗与加工处理、数据标记、数据开放、平台运维管理等一系列通用工具，通过大数据加工清洗基地实现政府数据价值链的闭环，最终促进政府开放数据的政用、商用和民用，实现数据增值。数据安全监管平台旨在探索建立数据资源审计和安全监督制度，探索利用区块技术对数据的授权、验证、使用等方面提供跟踪和追溯管理，为数据共享开放提供安全保障。

11.6　宁波海曙区：智慧城市让老城区焕发新活力

宁波海曙区智慧城市建设，以政务数据资源整合共享和开发应用为切入点，"十二五"之初，出台了《海曙区党政信息资源共享管理办法》，并率先启动政府数据资源整合战略，破解政务数据融合、共享、开放难题，推进全省首个区级政务数据整合应用平台——政务信息资源中心建设，真正做到共建共享、互联互通，夯实智慧城区的信息资源基础。近十年来，海曙区充分依托政务数据资源平台，全面推进智慧城区建设，先后获得中国"互联网+政务"优秀实践案例50强、"十二五"中国智慧政务领军城区、政务大数据应用优秀案例、中欧绿色和智慧城市先行奖等荣誉。

11.6.1　智慧城市建设部署、目标及特色亮点

海曙区是宁波市的中心城区之一，海曙区以政务数据整合和开放为核心，大力推进"一中心两系统一平台"建设，已搭建了海曙区政务大数据框架。在区政务信息资源中心，已整合形成了21个主题，99小类信息，1900个数据项，数据总量已达2000多万条。海曙区地理信息系统和视频监控整合系统建设初显成效，区地理信息系统已形成了全区统一的标准地址，已为市规划局的二维、2.5维和三维地图提供应用。区视频监控整合系统已整合公安、城管、教育、卫生四部门视频数据资源，并在区政府网运行，接入视频监控点数量达8747个。区数据开放平台已建成并已上线运行，已梳理出17个大类目录，198个小项，26余万条开放数据项，涵盖教育、交通出行、便民服务、医疗卫生、企业信息等领域。

除此之外，还形成了一批区域特色智慧应用系统。基于多个部门数据挖掘的群体性欠薪预警信息系统，运用"大数据云计算"进行分析，建立了企业"健康状况"动态预警管理，实现群体性欠薪红、橙、黄"三色"预警。基于视频数据资源的视频监控人脸识别系统，在公共复杂场所发现并统计同类特殊人群在相近时间段内出现的次数，实现对该类人群的违法犯罪预警。基于专项数据与宏观数据分析的财政决策分析系统，依托平台标准化业务数据，建立基于信息采集与综合查询的决策支持系统和监理数据分析模型，实现跨部门、跨层级的项目审批、核准和备案，有效推进统一受理、同步审查、信息共享、透明公开。

11.6.2　特色案例——智能防控平台

为深化平安海曙建设，有效应对公共安全领域出现的新问题，主动适应区划调整后管辖区域扩大、治安要素倍增的新情况，更好满足人民群众对社会平安稳定的新要求，海曙引入大数据、云计算、人工智能、物联网等新技术，自2018年3月启动建设公安智能防控平台，现平台已正式投入运行。投用以来，公安核心战斗力和区域治安防控水平有效提升，2019年1—11月，区域刑事案件发案数同比下降23.7%，刑事打击数同比上升29.2%，通过信息化方式破获各类刑事案件占破案总数的82%以上，平台还荣获公安部

移动警务突出成效奖。

1. 依托智能定位，警情预警快人一步

随着科技在警用领域的深化应用，传统的追踪方式已经不足以满足当前"平安海曙"建设要求，海曙智能安防平台综合运用警务地理GIS、GNSS定位、移动警务终端推送、声像实时回传等技术，以"多规合一"GNSS地理信息平台为基础，对警员位置和犯罪发生地位置的精确定位，并通过警务通GNSS索引，建立了一个与现实物理世界虚实映射的警力虚拟沙盘，实现对警力资源的实时查询和遗失设备的轨迹跟踪。通过整合数据资源、警力部署、技术方法、管理手段等处置要素，集合AI大数据运算，作出基于智能分析的精准研判，转变传统基于经验分析的决策研判模式，有效提高研判效率和精准度，截至2019年12月，已向实战单位推送预警信息超16万余条，其中精确预警信息3245条，化解各类风险隐患1424起。

2. 依托量化分析，精准打处模式升级

随着社会治安精细化建设不断推进，定量分析的优势在社会治安领域的作用逐渐凸显。依托量化分析，海曙在扒窃、维稳、禁毒等领域精准打处实战能力不断提升。以扒窃为例，依据其行为特点，构建相应量化参数，描绘扒窃人员时空特征，实现对前科人员在相对时间段内出现的频次等行为量化分析进行积分运算，超过特定分值的即刻预警，并利用高清、高空摄像头等前端感知设备进行搜索，提升对犯罪的打击处理能力。除此之外，平台以"平战结合"为原则，充分整合人脸、车辆、射频信号等感知信息，对重点人员、重大案件、嫌疑车辆、涉案物品等信息进行智能对比、侦查取证，通过海量数据"碰撞"，重塑事件发生的时间空间要素信息，实现侦查模式从"由案到人"向"由人到案"的转变。

3. 依托深度挖掘，防治能力出类拔萃

通过深度挖掘基础所队优秀民警专家经验，提炼、构建新的警用模型，为全警应用提供来甬落地人员分析、隐形吸毒人员分析、高危场所分析等创新功能。借助大数据、云计算与人际关系理论分析总结涉毒人员行为规律与交往规律，同时结合原有模型的数

据统计分析，进行优化其算法和预设阈值，提高研判精准度。平台通过可视化展示、GIS等技术，以警情发案热力图、高危预警地图、综合积分图表等方式实时展示区域治安防控态势，对重点区域、重点时段，动态调整巡防等级和警力投向，集成点、线、面的防控力量，实现综合防控治理能力提升。

4. 依托融合应用，指挥调度全面立体

紧急事件下的快速指挥调度成为衡量城市治安水平高低的一个重要指标。依托GIS、GNSS等技术，平台能够精准指挥调度警情或事件周边就近位置所有警力，出警指令、警情位置、文字及语音信息能够同时传送至指定队伍或人员。还可通过自定义警力搜索范围，指令内容、报警信息及附件秒级推送至圈选范围内的警务终端，实现警情信息自动关联。警员通过警务通同步接收信息，同时可看到协同警力的实时位置信息，形成立体机动的治安力量，并可通过警务通直接反馈现场情况，为指挥部决策提供更多有效信息。指挥中心通过一图展示功能，可直观看到警力向警情位置的实时移动情况，实现指挥要素一键调看、处置警力一键调度、周边警力一键求援、信息资源一键调用，构建了扁平化指挥、点对点调度、可视化监督的现代指挥调度体系。

11.7 北京东城区：建设数字东城，激发古都活力

北京东城区立足职能定位，以政务服务、城市管理为重点，积极推进"城市公共信息平台""城市公共基础数据库""智慧城市运营服务中心"三位一体核心项目建设，基本形成了信息资源高度整合的公共基础数据共享服务平台，以城市运行、公共安全、社会管理、公共服务、经济运行和电子政务为应用体系的"数字东城"，有效提升区域行政效能和治理精细化水平。

11.7.1 智慧城市建设部署、目标及特色亮点

北京东城区历来是商贾云集之地，作为商业中心地区已有上百年历史。2011年提出

建设"数字东城"，制定了《"数字东城"行动计划（2011—2015年）》，以信息化促进区域统筹、融合、均衡发展，经过近10年建设，初步形成信息资源高度整合的公共基础数据共享服务平台和以城市运行、公共安全、社会管理、公共服务、经济运行和电子政务为应用体系的"数字东城"应用框架，电子政务体系日臻完善，网格化城市管理模式深化拓展，惠及大众的互联网一体化公共服务体系初步形成。综合运用GIS、RS遥感、物联网、卫星定位等技术，建成了面向城市管理和社会服务管理的网格化综合信息平台，实现基层信息系统、智能终端与区级平台互联互通，涵盖了人、地、事、物、组织、房屋6大类28中类129项信息、2117项指标项和230万余条数据。在信息惠民方面，东城区也走在了全国前列，开通了全国首个公共文化服务导航网站，建成了10个数字文化社区。建立了新型社区卫生服务模式，被卫生部确定为全国第一个社区卫生服务改革试点区。经过近10年的"数字东城"建设，全区行政效能有效提升、治理精细化水平显著提高、优质公共服务资源惠及群众，国际化、现代化数字城区的建设步伐得以不断加快。

11.7.2　特色案例——东城应急指挥中心

东城区位于北京中心城区东部，人口稠密、建筑密集，国家政治、经济、文化及国际交流活动频繁，是首都功能核心区，也是首都文物资源最丰富、分布最集中、历史文化街区最多的中心城区，因此，科学、规范、快速反应的应急指挥体系是维护东城区经济社会安定有序发展的重要保障。在这样的背景下，东城区建立了应急指挥中心，作为应急联动决策系统的核心，实现全区17个街道、5个地区突发事件分应急指挥部的联合指挥和分级部署。

1. 空天一体化网络提供通信监测能力

应急指挥网络是相关行业部门互联、纵向延伸到各级应急管理机构的核心，是将应急管理力量拧成一股绳的重要保障。东城区采用GIS、GPS、5G、SDN、IPv6等技术，综合专网、互联网、宽窄带无线通信网、北斗卫星、通信卫星、无人机、单兵装备等手段，结合地理信息标识，建成天地一体、快速响应、泛在高效、安全可信的应急管理通信网络，为应急部门建设一张多网多系统融合的应急专网，提供话音、视频、位置、数据传输等功能。除此之外，通过并入专网的城市物联网，采集地质灾害、气象灾害、水旱灾害、森林草原火灾等自然灾害信息，危化品、工矿商贸、烟花爆竹等安全生产信息，高层建筑、大型城市综合体、地下空间、城市生命线、大型水利设施等城市运行大型设施信息，实现全过程的综合监测。

2. 智能化感知分析提供应急预警能力

最好的应急就是把隐患消灭在事故发生之前。东城应急指挥中心基于智能传感、射频识别、视频图像、激光雷达、航空遥感等感知技术，通过东城区地理信息系统中的城市三维精细仿真模型、城市规划信息化系统、三维管线系统和地理信息共享平台，实现了数据的集中管理以及地上、地下空间的三维动态感知。依托天地一体化应急通信网络、公共通信网络和低功耗广域网，面向生产安全监测预警、自然灾害监测预警、城市安全监测预警和应急处置现场实时动态监测等应用需求，构建全区覆盖应急管理感知和预警体系。通过落实"双重预防性工作机制"源头措施，依据相关风险分级管控标准及风险评估方法，以安全风险辨识和分级管控为基础，以隐患排查和治理为手段，把风险控制挺在隐患前面，从源头系统识别风险、控制风险，并通过隐患排查，及时寻找出风险控制过程可能出现的缺失、漏洞及风险控制失效环节，提升应急预警能力。

3. 可视化展示界面提供高效指挥能力

可视化的指挥界面能大幅提升指挥效率、实时了解事故动态、动态部署应急力量，赋予应急指挥立体机动能力。东城应急指挥中心基于地理信息服务系统，通过数据接口调用地图发布与可视化、空间查询分析、地图标绘、地图量测、路径分析、路线导航等服务，构建业务应用可视化支撑平台，集成日常安全环保监测监控信息、安防管理信息、应急管理信息、决策支持信息等，实现了基于GIS的业务信息应用及展示分析。具体包括数据可视化界面UI、数据可视化地图展示及相关查询服务，支持队伍与装备、应急专家、危险源、重点线路、重点区域的动态更新，另外可根据应急事件特定需求，进行专题制图、叠加图层等定制化快速配置。

11.8　苏州昆山市：发挥区位优势，打造县域"小而美"应用

昆山于2011年启动智慧城市建设，是全国最早践行智慧城市建设的县级城市，将"智慧昆山"纳入昆山未来发展的战略，结合市情实际，重点推进基础设施完善、机器换人、互联网经济示范、信息惠民、政务信息共享等重点工程，智慧城市建设取得显著成效，打造"小而美"的智慧昆山。

11.8.1　昆山市新型智慧城市建设目标及特色亮点

昆山地处中国经济发展最前沿的长江三角洲，是上海经济圈中一个重要的新兴工商城市，连续多年位列全国百强县市、中国中小城市综合实力百强市之首。昆山于2011年全面启动智慧城市建设，是全国最早践行智慧城市建设的县级城市。

为了完善公共服务体系建设，提升公共服务的规范化、精准化和智能化水平，昆山市将"智慧昆山"建设纳入昆山未来发展的战略主体，先后编制了《昆山市智慧城市概念策划方案》《智慧昆山战略发展规划》《"智慧昆山"建设三年行动计划》，高起点进行智慧城市顶层设计，计划通过智慧城市建设，结合昆山自身优势条件，深化信息技术在经济社会各领域的应用，充分挖掘、实时整合、有效配置城市的一切有形和无形资源，实现"融合、创新、国际化"的愿景，将昆山建成产业发达、民生幸福、运行高效、治理科学的"国际现代产业名城、中国和谐幸福名城、江南人文宜居名城"。在这一目标的指引下，近年来，昆山市紧紧抓住新一代科技革命发展历史机遇，立足市情实际，坚持问题导向，重点推进基础设施完善、机器换人、互联网经济示范、信息惠民、政务信息共享等一系列重点工程，加快昆山传统产业的智慧化提升及新兴产业的跨越式发展，推动城市管理的规范化、精准化、智能化，提高城市管理运行效率，切实提升民众的幸福感和满意度。

经过多年的实践积累，昆山智慧城市建设取得显著成效，智慧应用硕果累累。"智慧卫生"工程加快推进了市级卫生信息平台、居民健康管理平台等项目建设，初步实现了医疗服务、公共卫生等业务系统的信息共享；"智慧教育"工程建成了教育综合管理服务、教师服务等四大核心服务平台和教育资源等各大中心，实现了信息技术与教育的融合；

"智慧交通"工程建立了656路视频监控网络系统、8大行业监管平台和1个应急保障体系，初步建成集公共交通运行数据、"两客一危"车辆动态管理和人流车流物流于一体的综合管理平台；"智慧昆山"市民公共服务平台整合了全昆山市社会公共服务资源，通过智能手机、电脑、机顶盒等终端设备，向市民提供交通出行、政务公开、医疗教育、人才服务、城市管理等多领域资讯和一站式交互服务。市民卡进入"全国城市一卡通互联互通"行列，实现了社会保障、公交、银行、医疗、图书馆、超市等领域的"一卡多用"。2017年，昆山市被评为中国最佳管理实践智慧城市试点县区，2019年昆山市入选2018—2019年度信息惠民优秀城市，在中国新型智慧城市建设与发展综合影响力评估当中排名第一。

11.8.2　特色案例——智慧花桥规划建设一体化综合平台

昆山花桥经济开发区是江苏省利用上海资源，走向国际服务市场的一个窗口，也是国家首批智慧城市建设试点之一。2014年，花桥经济开发区综合运用GIS技术、RS技术、BIM技术、物联网技术、无线数据通信技术、工作流技术（WFL）、多媒体技术等高新技术手段，探索城区级的CIM实践，构建了智慧花桥规划建设一体化综合平台。该平台涵盖整个花桥50平方公里，初步实现了多源城市数据的分布式协同和信息资源的共享，有效解决了规划、住建、园林等业务部门关于城市基础信息获取困难、更新不力、GIS应用成本高等问题，也为人口、法人、经济等信息的融合集成提供了时空框架，为"智慧昆山"相关工程的推进树立了样板。2014年，该平台荣获"中国地理信息产业工程金奖"。

1. 城市规划数据一图可见

城市的规划建设管理是一项复杂的系统工程，需要大量的基础数据，只有在对自然、经济和社会因素进行综合分析研究的基础上，才能使城市规划方案具有科学性、连续性、可操作性。智慧花桥规划建设一体化综合平台整合了基础测绘、规划编制、规划管理、房产管理、建筑市场、招标投标、村镇建设、市政公用、园林绿化、城建档案、地下管网等信息资源，建立了有效获取、分类存储、自动处理和智能识别的开发区规划建设"一张图"数据库，有效解决了传统城市规划建设中数据分散管理、融合共享困难的问题，大大提高了城市规划的工作效率和设计水平。

2. 规划建设管理一站集成

为了最大限度地盘活数据资源，发挥数据的叠加效用，智慧花桥规划建设一体化综合平台在整合城市规划、建设相关数据的基础上，还集成了与城市规划、建设管理紧密关联的八大业务系统，包括规划管理信息系统、地下管网信息系统、房产管理信息系统、园林绿化管理系统、综合地质信息系统、三维虚拟现实系统、工程合同资金管理系统、项目报建管理系统等，打通不同业务领域之间的数据屏障，提供一站式的数据共享交换与技术应用服务模式，为"智慧花桥"的建设发展提供强有力的数据服务与技术支撑。

3. 建筑房屋信息一屏可查

基于BIM和GIS技术，以建筑信息模型为载体，将辖区建筑信息、土地信息纳入统一的地理时空框架之中，通过数字房屋信息系统应用，提供公开查询、统计分析和房屋信息的多维度展现。居民只需登录平台，即可查询到区域内小区的房屋信息、质量安全等内容。另外，在建筑信息模型中还支持物联设备接入，可以全面采集楼宇运营安全、室内空气指数、能耗管理等信息，有助于对区域内企业、人口、房产信息、楼宇经济等进行综合管理和分析，做实对房屋建筑物建设、运营全过程控制，为构建全区建筑信息的智能化管理奠定基础。

11.9　湖州德清县：以地理信息为突破，建设德清城市大脑

德清县以地理信息为突破口，进而推进"数字德清"建设基础，紧抓人工智能、大数据发展机遇，建设德清城市大脑、地理信息小镇、浙江省地理信息产业园、联合国全球地理信息管理高层论坛等平台的建设，带动城市发展，打造全省领先、全国示范的新型智慧县城。

11.9.1　德清县新型智慧城市建设目标及特色亮点

德清县地处长江三角洲腹地，为浙江省湖州市辖，是"江南第一名山"——莫干山

的所在地，素有"鱼米之乡、丝绸之府、竹茶之地、文化之邦"的美誉。2009年，德清开始了"数字德清地理空间框架建设"工程，成为国内最早开始建设推广"数字城市"的县级城市。经过多年的建设与发展，"数字德清"取得了一系列建设成果，产生了一大批数字化应用，形成了一套成熟的运行维护机制。坚实的"数字城市"基础为德清开展智慧城市建设创造了便利条件。2015年，德清被列入国家测绘地理信息局智慧城市时空信息云平台建设试点城市，标志着德清从数字城市建设正式向智慧城市建设迈进。2019年，德清县制定了《德清县加快政府数字化转型建设现代智慧城市实施方案》，将通过体制、机制、技术创新，促进政府运行高效透明、社会治理现代智能、公共服务普惠优质、生态保护实时全域、产业发展绿色生态，形成上接省市、覆盖全县的数字政府体系，实现数字技术与政府履职全面深度融合，初步建成现代智慧城市智慧应用和协同服务体系，使德清成为全省领先、全国示范的新型智慧县城。

（1）以地理信息夯实智慧城市基础。作为全国首个"数字城市"推广县，德清致力于打造地理信息产业，并将其作为开展智慧城市建设的起点和基石。重点引进卫星导航与位置服务、地理信息软件研发、装备制造等领域的大项目和高层次人才，优化对企业的各项服务，吸引了地理信息相关企业240多家，从0到1培育出地理信息小镇。浙江省地理信息产业园、联合国全球地理信息管理高层论坛永久会址等也相继落户德清。目前，地理信息产业已成为德清发展数字经济的重要特色，"地理信息+"正成为德清建设新型智慧城市的鲜明标签。

（2）以城市大脑深化大数据应用。"德清城市大脑"于2018年开始启动建设，它结合了基于北斗地基增强站的精准时空网络、高精度定位算法、精准时空专有服务平台、海量高精度定位终端，以及全国首个覆盖主城区的车道级高精度地图，是一个"精准时空城市大脑"。它与数据资源平台、AI算法服务平台融合，为当地提供了覆盖交通、交管、旅游、城管及工业企业大数据等领域的创新应用场景。通过城市大脑建设，德清进一步深化了数据资源整合和开放共享，强化了大数据在政府治理、社会管理、民生服务、经济发展等方面的广泛、深入应用。

（3）以人工智能抢占智慧城市高地。随着国家、省市关于人工智能创新发展相关工作精神落地，德清以全国新一代人工智能应用县建设为引领，找准突破口和主攻方向，编制出台全国首部县域《新一代人工智能应用县建设发展规划》，加强与大院、大所的合作交流，开展智能工业、智能农业、智慧交通、智能教育等领域的示范应用建设，推进人工智能技术研发和成果转化应用，探索人工智能引领县域经济高质量发展、支撑乡村振兴战略的新模式。目前，德清已经在自动驾驶、城市大脑等领域取得人工智能应用的阶段性成果，人工智能正在向更多应用领域渗透。

11.9.2　特色案例——智慧德清时空信息云平台

智慧德清时空信息云平台于2015年正式启动，该项目依托现有的数字德清城市地理空间框架建设成果，基于"互联网+""大数据+"等创新思维，充分整合云计算和物联网技术，补充丰富过去（历史数据）、现在（更新数据）、未来（规划数据）等时空数据信息，从标准规范建设、时空数据建设、时空信息云平台开发、支撑环境完善、典型示范应用五个大方面入手，构建权威服务于整个智慧德清的时空信息核心基础设施，形成基于时空信息大数据的社会化应用体系，服务各行各业智慧应用示范建设，为政府部门决策和社会大众提供时空信息保障服务。目前，该项目已经建设完成并通过国家验收，为全县13个部门提供地理信息服务。

1.　构建精准统一的时空基准体系

在智慧城市的框架下，随着智能交通、智慧物流等智慧应用的不断涌现，各类应用场景对精准时空的需求越来越高。以智能驾驶为例，自动驾驶车辆在运行控制中，车路协同体系需要保障路侧感知单元、计算单元、通信单元及车辆控制单元形成统一的时空基准，对实时位置定位的精度要求要达到厘米级。智慧德清时空信息云平台基于北斗系统的高精度时空网，结合地面增强基站，建立了统一的时空基准体系，将整个城市的元素在时间和空间上统一起来，实现了多应用场景数据的精准时空同步，为城市大数据的协同分析和利用奠定了基础。2019年，浙江省首个省级自动驾驶与智慧出行示范区落户德清，这与智慧德清时空云平台的成功建设应用密不可分。

2.　促进地理信息与智慧应用融合

智慧德清时空信息云平台建设是德清深入探索空间信息基础设施转型升级的重要抓

手，从建设开始就秉承了开放、融合与共享的理念。平台扩展了传统的时空数据模型，使其可以同时支持矢量、栅格、流式等数据类型，构建了时空信息大数据体系，以时空信息为基准，集成融合了地形、地理国情、空间规划、智能传感、宏观经济、法人等多类专题数据内容，形成了地上到地下、平面到立体、室内到室外、二维到四维、静态到动态的数据服务能力。平台通过内网、政务网和互联网提供数据、接口、功能等服务，为各部门、企业和普通用户提供平台的建设成果。截至目前，该平台已具备智慧规划、智慧水利、数字人防、生态公益林展示系统等23个智慧应用。

3. 建设实时感知的数据采集设施

对城市运行体征的实时感知是智慧城市建设的基础环节，BIM/CIM技术为"感知城市"的实现提供了有效途径，是进行城市运行数据采集的重要工具。智慧德清时空信息云平台在架构设计上充分考虑了"万物物联"的发展趋势，在技术实现上采用了WEBRTC技术，实现与物联网设备的连接以及物联网感知数据的采集和处理，通过统一编码、开放流服务接口等方式解决异构数据源的协同问题。平台已接入6787个视频摄像头、17个气象站点、8个污水处理厂、38个雨情站点、18个水库站点、25个河道站点的相关传感设备，整合嵌入了交通、城管、气象、环保、水利等多个部门的物联网实时数据，为实现信息资源跨部门流通、提供动态感知和智能服务提供了技术保障。

欧洲智慧城市实践

第12章　欧洲智慧城市发展概况和规划

　　欧洲是一个政治和经济体制高度分散化的地区，从各个国家到其下属州市镇的政商环境、产业基础、教育体系、人文特征都有各自的特色和问题，这对整体推进智慧城市战略、相关技术创新和市场经济发展都提出了不小的挑战。而智慧城市的发展需要针对各个城市和地区的特点，帮助提高当地政府治理水平，为当地人民创造更加优越的生活环境，促进当地环境和经济健康可持续性地发展。在欧盟委员会积极推动下，到2019年年底全欧盟境内已有几百个各级城镇落地制定智慧城市战略和落地相关项目及技术。

12.1　欧洲智慧城市核心推动举措和核心战略

12.1.1　核心战略

　　作为一项复杂的系统工程，智慧城市建设需要充分考虑各地的资源条件、科技和经济发展水平、民众需求和痛点，而因为欧洲分散的政治体制、不同的文化和经济水平，欧盟委员会主要负责制定宏观的政策框架和设定边界条件，引导、激励和协调各成员国政府、企业及相关利益方共同推进智慧城市建设。以人为本，坚持民生需求主导，不断提升社会大众的生活水平，增强公共领域的服务能力，推动区域经济和人文发展是欧洲建设智慧城市的核心本质和基本导向。而数字化、信息化、可持续发展、清洁能源、环境保护等主题一起构建了欧洲各城市开展智慧城市战略和推进的基本框架和纲领。

早在21世纪初，欧盟委员会从移动通信技术以及信息互联网技术第一波发展的高潮期起，就前瞻性地开始为欧洲的数字化建设作出规划，从2002年的"电子欧洲"（eEurope），到2006年的安全信息社会战略，再到2010年发布《欧洲数字化议程》，构成了欧盟重要的信息化数字化战略计划步骤。同时，在环境保护和可持续性发展，特别是能源领域，欧洲从2007年制定和持续推进的SetPlan计划也将可再生能源发展和信息化技术融合到了一起。

从目前欧洲主要城镇总体的顶层设计和建设情况来看，欧洲智慧城市的核心建设主体主要包含基础设施数字化、公共服务自动化、数字化公众参与、大数据治理、智慧交通、智慧清洁能源、创新管理与合作等方面。由于历史发展原因，欧洲城镇的基础设施修建年代较早，更新和升级的需求加大，所以基础设施是欧洲智慧城市推进过程中的首选关注领域，其中更以交通和能源为主。而数字化的公众参与和公共服务的自动化不仅是智慧城市推进的一个核心主题，也是欧洲政治体制和管理发展的一个重要组成部分。这些核心战略内容在本篇欧洲智慧城市的案例中都能得到体现。

12.1.2 推动举措

从2010年开始，欧盟委员会作为欧洲政治经济文化的顶层设计和协调机构，建立了以下五大行动措施和平台作为主要牵头方来统一地开展和推动欧盟范围内的智慧城市规划和建设。

1. 欧盟智慧城市及社区创新合作伙伴（EIP-SCC）

EIP-SCC是致力于进一步推动泛欧洲市场一体化的创新合作伙伴计划之一，其重点主导智慧城市建设中能源、交通和综合基础设施三大领域。EIP-SCC主旨是促进来自欧盟各地政府、公共机构、工商企业在相关领域开展平等全面的合作，同其下设的六大工作协调集群（公众焦点、资本和商业模式、综合基础设施及进程、综合规划和政策与法规、可持续的区域发展和环境建设及可持续的城市交通），协助快速实现规模化的成果和市场化。

2. 欧盟智慧城市信息平台（SCIS）

SCIS是一个为智慧城市各参与方设立的信息和知识共享平台，主要收集了欧盟FP7和地平线2020计划中所资助的能源、交通和信息通信领域等创新项目的信息。SCIS旨在共享相关项目中所获取的最佳实践、遇到的障碍和问题，以积累经验教训，为下一步智慧城市建设提供政策和标准化建议。

3. 智慧城市科研灯塔项目（Lighthouse Projects）

欧盟科研灯塔示范项目协同欧盟智慧城市及社区创新合作平台（EIP-SCC）到目前已推动建立了14类创新示范项目，涉及40个示范城市和50个伙伴城市。所有灯塔项目都以节能和可持续发展为计划目标，旨在促进创新技术和商业模式实践探索，为下一步城市中规模化商用打下基础。

（1）气候与能源市长公约（The Covenant of Mayor for Climate and Energy）

市长公约是由欧盟委员会发起的自愿性质的倡议行动，旨在汇集和支持致力于超越欧盟远期气候和能源目标的地方政府。参与签署此协定的地方政府需要制定地方性的可持续能源和气候行动计划（SECAP），并推动当地的投资者和中小企业参与到实践项目中来。市长公约同时也是泛欧交流平台，促进最佳实践的交流和合作。

（2）欧洲城市议程（Urban Agenda）

欧洲城市议程可以被看作是欧洲城镇化发展政策的顶层设计行动，其目的是整合协调从欧盟层面到成员国层面的相关政策和法规，帮助各地区从单个行业规划转变为综合规划和决策，以实现智能、可持续和包容性增长，促进欧洲城镇整体化平衡化的发展。

12.2 欧洲智慧城市的综合规划和建设路径

由于智慧城市的建设涉及民生、基建等方面的大额投资和长期实施过程以及数十年运营期，所以需要有一个明确的远景目标和具体的建设及投资路径。由于欧洲分散的政治和管理体制，为避免各地重复投入精力和资源，2019年欧盟智慧城市及社区创新合作伙伴EIP-SCC联合挪威科技大学以及全欧洲近百个智慧城市项目的推动者和参与者，基于各地已经开展的智慧城市项目的丰富经验，发布了《欧洲智慧城市一揽子指导原则》。这份导则总结了欧盟过去近10年智慧城市项目从规划、设计、落地以及合作的集成化建设步骤建议和方案，以帮助其他城镇能够快速和高效地启动和开展智慧城市建设。

12.2.1　愿景框架和战略规划

作为起步阶段，各个城市首先需要针对本地实际情况、具体问题和发展方向，与当地的利益相关集团一起，制定出本地的智慧城市愿景。从愿景出发，城市和利益相关方需要共同确定相关的政治承诺或决策，并落实到待定的战略行动规划中，以作为开展智慧城市建设的政策指导和保障框架。在愿景和政策框架的指引下，再制定宏观战略规划以及具体的建设行动计划，并明确行动计划的优先级，而后定义各项目目标和实施路径及计划。这一阶段还应为所有利益相关方，特别是市民，逐步建立一个透明的信息与知识交流的城市平台。由于欧洲分散的政治和市场体制，欧洲智慧城市的前期规划和协调工作阶段会花费很多时间和精力，但一旦制定的愿景蓝图和战略被所有相关方认可，之后的建设和实施往往能够事半功倍。

12.2.2　敏捷建设和实施

在传统的PDCA项目和质量管理模式基础上，智慧城市建设和实施以阶段性目标为导向，制定严格全面的质量管理方法，引入阶段性的评估流程形成反馈闭环，以敏捷迭代的方式推进项目的落地。根据敏捷项目开发的原则，根据实时情况、进度和反馈等条件灵活敏捷地调整，改进和推动实施进程。在整个项目实施的过程中须确保项目的透明化、所有利益相关方和市民的参与度，并及时沟通和获取反馈。

12.2.3　规模化和市场化

在完成前期项目示范之后，要深入分析项目的最佳实践、技术方案、商业推广模式，联合相关的市场参与者一道推动技术和创新的规模化和市场化。这也是帮助后来的

图12-1　欧洲智慧城市规划和建设步骤

城镇能够快速以最小成本开展智慧城市建设。

以上总结的智慧城市规划和建设路径在柏林、维也纳、里昂等欧洲主要智慧城市的推进中都基本被采纳。由于智慧城市涉及利益相关方的范围广泛而且复杂，在执行任何重大战略计划或项目之前和期间，需要进行跨领域、多部门的合作，使用系统和整体思维考虑到所有利益相关方，特别是所在城镇的居民（图12-1）。

12.3　面向未来的欧洲智慧城市发展举措建议

为了进一步推动欧洲智慧城市的建设，EIP-SCC牵头的咨询报告《面向欧洲智慧城市联合投资发展计划》为欧盟委员会、成员国、投资方和市场四个主导方，从组织、技术和财政三方面提出了21条行动路线建议。从总体上讲，智慧城市的建设应采取包容性方法，并将投资者的参与作为核心工作。只有开展紧密的合作，才能使智慧城市项目更具投资吸引力，实施联合投资计划可以促使智慧城市摆脱对公共部门有限资金的唯一依赖。本节对此投资发展计划和行动建议的主要内容作简要概述。

12.3.1　欧盟层面主导的行动建议

作为欧盟智慧城市主要的跨地区协调和推动举措，灯塔项目计划、欧盟智慧城市及社区创新合作伙伴平台和城市议程之间将要进行更加紧密的协作，协助有明确发展规划和需求的城市和产业生态圈共同挖掘和匹配供需，激发并开拓真正有潜力的解决方案，并助其实现快速的市场增长。目前灯塔项目总共获得了欧盟5亿欧元拨款，并且对智慧城市建设已经产生了明显的政治和市场影响力。未来欧盟还会进一步规划以十亿欧元为单位的扶持资金计划。灯塔项目会更好地体现其引领作用，进一步促进跨地区的技术创新和经验交流，并以此带动十倍以上的总投资。

对于大多数城市而言，当前欧盟的政策和资金扶持模式和流程过于不透明和复杂。对此，欧盟正在计划使用一项针对智慧城市投资和运营预算的新方法，其中也包括创建一种通用的、开放的智慧城市投资估算模型，同时建立欧洲投资银行的咨询中心，为中小城镇和中小企业提供有力的支撑。

同时，下一阶段将重点扶持包含跨地区协作、开放的标准化设计、协同运营的创新示范项目，旨在有助于更快速地开发标准化解决方案并大规模加以应用。其中，为防止供应商锁定和市场垄断，开放的标准设计，甚至是开源的方案，将会是未来参与欧洲创新示范的一个重要前提条件。

12.3.2 欧盟成员国行动建议

到目前为止，欧盟各成员国内部诸如城市组织（比如德国的城市议会联盟）的声音和作用还未真正发挥出来，而这些相关组织或协会通常对当地，特别是对中小型城镇参与和推动智慧城市建设起着非常重要的作用。同时，因为他们数量庞大，反而往往代表了最大的市场。因此，调动和加强欧洲各国本地城市组织或协会的参与对下一步智慧城市建设至关重要。

同时，智慧城市会催生新的公共服务以及相对应的商业模式，这些新服务和商业模式和以往传统的市政服务和财务计划模式完全不同。因此对政府和公共部门来讲，不仅需要新技术人才，同时还要建立相应的投资、财务和运营等专业能力。

作为促进区域技术创新和经验交流的一种模式，各国还可以通过公开竞赛和评比的形式刺激当地智慧城市的进一步发展。通过利用竞争形式将各城市围绕通用解决方案召集在一起，并引入更多投资者和建立需求匹配平台，这有利于帮助维持和扩大竞争的影

响。获胜者将获得补贴，其他人则有机会加入并获得更具吸引力的贷款条件。比如从
2018年起，德国最大的数字信息行业协会每年都会对全德大中型城镇智慧城市建设情况
进行评比排名，起到了显著的推动作用。

12.3.3　投资者行动建议

欧洲智慧城市下阶段发展最重要的一环就是建设方案和模式的规模化和市场化，在
此环节中资本方和投资者将起到至关重要的作用。一方面，在项目早期就尽量对资本方
放开，促进投资方相互之间的交流，帮助定义和开发商业模式和规模化方案；另一方
面，除了资本方让城市政府更多地了解商业模式外，城市政府也需要帮助投资者更多地
了解城市正在实施的技术方案、城市的运作和决策方式等。此外，政府和资本方可以共
同创建多种形式的智慧城市发展基金，更有利于不同类型和条件的投资者的参与，同时
有助于创建一个更加流动和高效的市场。欧洲投资银行和比利时贝尔福斯银行决定创建
4亿欧元的智慧城市基金，就是投资者主导的成功联合行动的一个例子。

12.3.4　行业市场行动建议

欧洲的行业协会和专业网络在帮助政策游说、标准制定和塑造市场等方面发挥着举
足轻重的作用，比如德国的汽车行业协会、能源与水资源协会、数字信息协会，它们可
以在城市和行业企业之间提供更独立和客观的接口，一方面解决城市对行业供应商垄断
的担忧，另一方面也帮助行业企业与城市运营需求更好加以对接并优化其解决方案，同
时联合行业与城市一同制定双方都能接受并信任的技术和服务标准，共同推进智慧城市
的规模化和市场化。

第13章 欧洲智慧城市产业发展概述
——市场与创新

在欧洲以生态发展和数字化发展的浪潮里，覆盖多个行业技术和模式创新的智慧城市市场和产业也越发成熟。以欧洲及德国为例，传统科技企业、公共事业单位、能源企业以及大量的科技初创企业正在积极探索以传统能源和公共服务为基础，以能源、交通和传统基建等领域的跨行业耦合和数字经济的新市场和商业模式为契机，拓展和建立更广泛更全面的智慧城市业务。同时，由于政治体制和市场经济的特点和差异，欧洲的智慧城市行业也面临很大挑战，尤其是在商业模式和可持续发展方面。本章将对欧洲智慧城市产业现状作整体的介绍和简要的分析。

13.1　产业规模和创新趋势

从整体上讲，欧洲投资银行估计欧洲城市未来到2030年仅针对其交通系统的更新和智慧升级就需要投入400亿欧元。欧洲结构性投资基金在2014—2020年期间提供185亿欧元的资金用于交通基础设施的改造。此外，欧盟智慧城市及社区创新合作伙伴项目（EIP-SCC）也在大力推进建立欧洲智慧城市公共数据平台，目标是到2025年通过此类平台在100个欧盟城市成立落地，将3亿欧盟居民链接起来。欧盟科研灯塔示范项目和欧盟智慧城市及社区创新合作平台从2014年起已推动建立了14个创新示范项目，涉及40个示范城市和50个伙伴城市，总共提供了超过2.7亿欧元的欧盟财政资金，预计到2020年底将会进一步拓展到5亿欧元并带动欧洲300个城镇超过10亿欧元的产业投资。

作为欧洲最重要的科技和创新引擎，德国政府也在近年以德国智慧城市宪章为主要指导方针推出了多个智慧城市发展扶持项目。例如，2019年德国内政、住建和家园部推出了智慧城市模范项目计划，拿出7.5亿欧元将分四批支撑50个示范项目，第一批13个项目已于2020年启动。除此之外，德国各联邦州也成立相应的负责机构及扶持项目计划。据咨询公司Eco统计，2017年德国的智慧城市产业市场规模已经达到204亿欧元。其中，网络基建、智慧交通和物流、信息安全、公共安全以及智慧楼宇等领域一共占到超过60%的市场营收。预计到2022年，德国智慧城市产业将会达到438亿欧元规模，年平均增长率为16.5%。

近年来，欧洲包括德国在内都强烈意识到了在新兴高科技领域市场明显落后于美国和中国，所以欧盟和主要成员国如德国、法国都开始大力推进新一轮的科技创新转化，出台各种政策大力扶持创新创业。比如在欧盟新任主席乌尔苏拉·冯德莱恩上任伊始就提出了要建立"欧洲未来基金"，考虑打造1000亿欧元的投资基金，专门投资战略行业以及打造和加强未来的创新领军者。德国能源经济部也提出了类似的工业振兴计划，将大力扶植智能制造、人工智能等领域的技术创新和转化。

2018年，欧盟通过下属的欧洲投资基金拨出4.1亿欧元成立了欧洲创投基金项目，并以此带动其他公共和私人投资总共65亿欧元推动创新风险投资。到2019年，欧洲境内的初创公司总共拿到了360亿欧元的风险投资，比2016年172亿欧元翻了一番。此外，以伦敦、柏林、阿姆斯特丹、慕尼黑等为首的欧洲创新中心已经确立，紧跟其后的各大中城市也在积极推进创新创业，比如奥地利维也纳、英国布里斯托、德国莱比锡等都设立了数字创新和智慧化创新的城市级别孵化器。

13.2　主要市场创新和参与者

智慧城市的建设，除了需要政府和公共机构从法规、政策和项目规划上引导，也需要依靠整个行业技术和商业模式创新者的参与，最终为大众提高生活品质的同时能够建立新的经济增长点。以下我们以德国为例，简要分析智慧能源行业的主要参与者。

13.2.1　头部科技企业

早在多年前，从美国IBM提出智慧地球计划和解决方案，到德国西门子公司成立智慧基建业务集团以及全球智慧城市研究中心，这些传统的头部科技企业一直是前十年推动智慧城市发展的主力军。

西门子——作为欧洲最大的电气解决方案提供商，西门子在智慧能源、智慧交通、智慧建筑、智慧医疗等智慧城市相关领域已经耕耘多年，有成熟的解决方案并已在全球范围内推广落地。近年来，西门子积极推进以其mindsphere物联网操作系统为技术底座，打造整体解决方案和产品在大型的智慧城市项目中落地，比如维也纳的阿斯彭湖滨新城这类旗舰示范项目。

爱思普——作为欧洲最大的软件企业，爱思普近些年来也从传统的企业管理软件业务积极拓展到新兴的云服务、大数据以及相关的智慧城市服务。在政府管理软件，公共事业单位和能源企业流程管理等传统强项业务基础上，爱思普也在大力开拓以物联网为基础的基建服务、交通服务、便民服务的新方案。

博世——作为世界领先的高科技企业，博世近年来也积极拓展智慧能源、智慧交通、智慧楼宇、智慧安全等领域的技术和业务。比如博世和德国路德维希堡市共同建立了智慧城市实验室，为该市制定数字化发展战略，以及开展多个领域的示范项目落地。

其他欧洲传统大型科技企业比如施耐德电气、ATOS等也都将智慧城市作为一个新兴市场积极开拓。而这些企业以技术方案为主要切入点，强调提供新技术和产品来打造智慧城市。这些企业在技术方案和产品成熟度上有较大优势，但因其成本和灵活性等方面的限制，以及目前欧洲市政管理及项目较分散的情况，使其在德国和欧洲智慧城市项目中，特别是中小城市的参与比重受到不少影响。

13.2.2　大型能源和基建企业（以德国为例）

在欧洲特别是德国退核去煤、大力发展可再生能源以及能源电力市场化的能源转型背景下，德国大型能源企业传统的产业链和商业模式在全新的市场环境下不再能够带来丰厚的利润，迫使这些大型能源企业纷纷制定全新的企业战略，开拓新型的商业模式和业务路径。这类企业一方面继续深耕能源业务，打造基于新能源、综合能源、能源互联网、电力交易等于一体的智慧能源业务。另一方面依托其在跨行业基础设施的规划、建设、运营及安全保障方面的经验以及资金方面的优势，大型能源企业也积极将业务板块拓展到交通、信息和公共安全等智慧城市领域。

以德国巴符能源集团为例，作为德国现有唯一一家覆盖能源全产业链，年营业额超过200亿欧元的德国第三大能源集团，从2012年开始就着力进行退核去煤，大力发展以风能、光伏为主的新能源，推进企业管理、技术和模式创新的转型。再到2019年提出新的2020—2025规划，目标从传统的能源供应商全面向智慧基础设施服务商发展，其中与智慧城市相关的新基建和服务业务将会占有核心地位。

以下举几个简短的例子：

1. 智慧城市咨询

作为整个业务链的前端，智慧城市咨询业务面向城镇的管理机构和管理者，提供从需求分析、战略规划、路径设计和方案咨询等服务，针对各个地区不同的实际情况量身打造发展方案。

2. 智慧能源

打造以物联网为基础的智慧虚拟电厂，接入和集中管理上千个分布式和新能源发电资源，参与电力市场交易或为电力系统提供辅助服务，也可以进一步发展到通过能源社区的模式进行点对点的能源交易和服务。在用户侧打造集成与光储一体，智慧用能管理、智慧家居、智慧充电的家庭智慧能源系统，能够实现能效提升和能源自给。

3. 电动汽车

建立覆盖全德的电动汽车充电网络，特别是在快速充电站占有领先地位。提供覆盖充电全流程服务，打造支持从查找车位、智慧充电管理以及跨充电运营商和电力供应商的智慧结算的全方位App。

4. 智慧交通

内部孵化的创新项目SMIGHT，从研发数字化路灯起步，逐步打造基于路灯，包含充电桩、环境监测、无线网络、交通监测等为一体的智慧路通，同时在云端打造基于大数据和人工智能的平台，覆盖智慧交通监控和识别、智慧停车管理、环境监测等新型应用。

5. 智慧社区

社区作为市民日常生活最直接参与活动的一个基本单元，本质就是一个缩小版的智慧城市。打造针对社区居民、社区管理者、社区服务者的智慧化治理、服务和运营在德国城市居民，特别是新兴开发区，需求越来越迫切。从节能高效、无排放、被动式建筑到智慧物流站、智慧垃圾站、智慧维修服务，再到通信基础设施、新型的智慧社区业务平台同规划单位、房地产开发商合作，集成从项目规划、项目开发到平台运营的全链条业务体系，是集团新业务增长点。

6. 公共安全

同为内部孵化的创新项目，"安全岛"方案针对欧洲及德国近年来攀升的安全问题，打造基于人工智能的公共领域安全识别、报警和路障管理系统。其中，针对欧洲严格的数字安全、信息安全和私人隐私等要求提出了创新的解决方案，既严格遵守了法律要求，又能够最大范围提升和保障公共安全。

7. 物联网及通信基础设施

5G、光纤宽带、低功耗无线网络是未来智慧城市的核心"新基建"之一。在这些方面，巴符能源集团也跳出传统能源业务，投入到宽带网络建设和运营，如LoraWan网络，并开始了5G网络的技术示范和商业化应用探索。

8. 数字信息安全

作为有多年电网、发电厂、核电站等传统能源关键基建系统的数字化运行管理的深厚经验和技术积累，巴符能源集团以此为基础进一步打造针对其他行业及领域（比如医疗、跨领域基建）的数字化、信息化安全管理和服务，包括安全评估、安全认证、安全运营等。

除了巴符能源集团和德国铁路集团，德国的另外几家大型能源集团如意昂集团、RWE集团，以及意大利的Enel能源集团，西班牙的Ibedrola集团也都开始尝试类似的智慧城市相关新业务。相对于之前讲到的科技企业，能源集团虽然在创新技术研发实力上不比前者，但其一大优势是在长尾业务的运营和管理，比如电气热网、能源供应等方面，已经积累了多年的政府和消费者关系和相应的沟通和服务经验，也能够更好地挖掘、理解和解决最终用户的需求和痛点。多年以前，大型能源企业和头部科技企业有着更紧密的合作，但是随着能源企业自身的创新和转型，能源企业更多与中小型创新创业公司合作推动智慧城市业务。

1. 地方公共事业企业（以德国为例）

在欧洲很多城市或地区，公共事业企业的存在已经有多年历史，它们逐渐成为提供从涵盖电气热的能源供应，到城市基建管理、公共交通、公共休闲馆及基本生活服务的全方位服务企业。以德国为例，城市公共事业公司为全德居民提供近60%的电气热能源，运营超过88万公里的电力网络和13万公里的下水管道，每天共处理约3万吨垃圾。这类企业的性质多样，包含政府所有或控股、公私合营、私营为主等多种方式。城市公共服务企业的业务领域一方面涉及大众生活的各个方面，是政府实施公共职能的重要窗口；另一方面，这些公共服务企业利用其公司主体性质和市场化运营的方式，在技术创新、项目开拓和市场化运营等方面又是政府开展创新尝试的主要载体。在智慧城市市场中，他们有着举足轻重的作用。

例如，慕尼黑公共事业公司（SWM）——作为慕尼黑市政府数字城市战略的主要实施方，针对市内交通拥堵、停车困难以及居住密度和住房数节节攀升等问题，以智慧交通疏导、智慧停车、智慧社区为切入点，推动智能交通和停车管理平台App投入使用，开发智慧社区平台、智慧物流服务等新技术和商业模式试点，并逐渐打造新业务板块。

在大学城达姆施塔特，该市的公共事业公司和著名的达姆施塔特工业大学及能源企业Entega积极推进智慧城市创新技术的落地和商业模式验证。比如推动基于物联网和先进传感器的智慧垃圾管理和智慧路灯管理，极大提高管理质量和效率，减少能源消耗，并努力打造更多的线上服务项目。

作为智慧城市重点的交通领域，柏林公共事业公司推动无人交通车，以及融合所有公共交通（公交车、地铁、有轨电车）和出租者、共享汽车的一体化出行服务平台。奥斯纳布吕克推出基于交通大数据平台的On Demand公共交通出行服务。

此外，智慧城市的进一步发展离不开开放交流和协同合作，从数据孤岛到单个产业，都需要打破隔阂，向多产业融合及大数据平台方向发展。德国的公共事业企业联合会在几年前就已经意识到这点，联合协会里上百家成员企业，共同打造了覆盖全德的线上和线下的创新交流平台，促进技术和经验交流，也提供一个连接智慧城市领域的初创企业和投资方案的供需匹配平台。

2. 初创企业

随着大量的相关资本以基金和风险投资的方式出现，越来越多的初创企业出现在以数字化为主导的新市场。其中，在智慧城市相关领域也出现了一大批以物联网、人工智能、大数据、虚拟现实等新技术为基础的创业公司。

这里列举几家较有代表性的企业：

（1）智慧城市解决方案公司

该初创公司致力于打造全面支撑智慧城市应用的Lora低功率无线物联网平台（LoraWan IoT），包含物联网终端、终端管理维护平台和结算运营服务等，并逐步打造提供支撑上层应用实现的数据平台。

（2）城市研究院公司

这家位于柏林的企业，由爱思普前高管创立，以打造智慧城市数据和管理平台为目标，接入各种物联网设备，集成上层第三方智慧应用，主要为城市管理者提供数字化的管理通道。其平台已经在德国多个城市和乡镇落地。

（3）虚拟城市平台

同样坐落于柏林，企业是一家基于三维地理信息系统（3D-GIS）和城市信息模型（CIM）的整体城市模型平台的领先服务商。在三维城市模型的基础上结合大数据分析为市政单位进一步提供市政规划、能源规划、建筑维护等应用。其平台已开始为柏林等城市服务。

（4）慕尼黑初创企业Casavi

这家初创企业面向智慧社区的投资方、物业管理方、业主及租客，打造云端全数字化的服务。从买房租房全流程、数字化文档到故障报修、维修预约和过程管控，再到小区公告板和交流群，Casavi的解决方案实现对小区日常生活服务和管理的全覆盖。

（5）斯图加特初创企业Vialytics

这家位于斯图加特的初创公司，着力打造基于人工智能算法的城市道路状态监测和分析，为提升道路维护的效率和质量提供有力支撑。其最大特点就是只用基于手机App安装在公共服务车辆上就能够实现低成本而且高效的解决方案，已经在德国多个城市落地应用。这家初创公司也获得了多个创业奖项。

（6）斯洛伐克Sensoneo公司

来自东欧的智慧垃圾处理解决方案商，一方面通过基于物联网的智慧垃圾桶实时监测垃圾桶的负荷状态，及时发出回收信息给云端平台。在云端平台，对全区域的垃圾桶状体进行分析，对垃圾车制定最优化行驶路线。其业务已经拓展到了超过30个国家。

（7）德国初创企业Lilium

作为空中出行领域知名初创企业，Lilium开发的电动五座空中出租车受到了业内包括腾讯投资在内的极大关注。该项目目前还在试制阶段，目标到2025年实现量产，电动空中出租车也为智慧城市带来了新的应用场景。

除此之外，全欧洲还有其他大量活跃在智慧城市领域的初创公司。它们大部分以服务当地政府和合作伙伴为主，以较低成本、快速灵活的创新模式，打造更加贴近当地实际情况的方案，特别是对推动中小型智慧城市项目起到关键作用。但初创公司一般都是聚焦在某个行业中的具体某一两个应用作为起步，并且在人才、资金等方面有较高不确定性。这对作为智慧城市整体方案推进方的政府或者投资者来说增加了协调和管理成本以及在项目后序持续性的风险。

13.3　行业面临的主要挑战

虽然智慧城市计划已在欧洲推进多年，并且落地的项目也有很多，但是对整个智慧城市产业来讲还面临以下几个主要挑战。

13.3.1　成熟的持续性的商业模式还待挖掘

在智慧城市推进初期，大部分项目以科研项目、政府特批或特殊资金扶持形式开展，这类项目一般持续2—4年不等。但是在项目结束之后，如果长期地开展服务，进一步地挖掘商业需求，如何实现变现和长期的盈利模式，对参与项目的私营企业和投资人来说是最关键的问题。尽管已经从技术验证，商业模式实验开展了很多不同的尝试，但到目前为止，很多智慧城市相关的创新服务模式都缺少真正的长期盈利的商业模式。这对企业，特别是初创企业来讲，很难是一个长久之计。其中，大部分基于数字化创新的技术和服务都依赖于在积累了大量数据之后，从数据中挖掘出新的价值创造和盈利方式。但目前以欧洲涉及公共服务的智慧城市应用的推进速度很难能够在短时间内产生海量的数据。同时，欧洲也缺少国内阿里、腾讯、华为等巨无霸互联网和科技企业来支撑智慧城市生态的快速繁衍。此外，严格的数字信息安全法规以及民众对相关数据的安全应用对此也会产生比较大的影响。

13.3.2　公共资源和服务与市场化运营需要进一步协调

整体来讲，提供公共资源和服务的公共机构和私营的市场参与者在智慧城市落地和长期运营的长期目标是有所区别的。公共机构需要考虑财政平衡、宏观经济、就业率以及选民支持率等因素，而市场参与者更多关心技术及业务的盈利模式和持续性。这需要从扶持政策、资金市场等多方面有更强有力的整体协调。

不少政府的扶持计划更多是着眼于促进各城市共同需求的汇集和共同解决方案的制定和应用，比如制定相关的开放标准和要求。开放模式有助于政府和公共机构防止"供应商锁定"（vendor lock-in），有助于公平竞争，但如果过于开放也会阻碍以技术创新为核心竞争力的公司参与其中。列入德国内政、住建和家园部最新的示范项目要求所有新项目范围内开发的软件应用及平台必须开源，这一项要求就让很多企业望而却步。在数字化社会中，创新周期越来越短，数字化技术和产品的迭代越来越快，这也对欧洲较为分散的政治和社会治理体制提出了新的挑战。灵活敏捷的治理和发展方式也越来越重要。同时，对快速迭代和错误治理的认知和方式也需要被社会大众所接受。

13.4　未来欧洲智慧市场预测

欧盟2021—2027年的财政计划已将能源、交通和数字化新基建及服务作为城市发展领域的重要发展内容，例如，"联通欧洲基建"和"欧洲地平线"计划将拿出超过1100亿欧元来支持智慧交通等领域发展。根据Frost & Sullivan咨询公司估算，到2025年欧洲智慧城市产业将带动近2000亿欧元的投资。在德国，2030年将会有230个城镇实现智慧和智能化。按照Trendresearch市场调研公司的分析，预计到2030年德国的智慧城市市场规模也将达到470亿欧元。

尽管还面临复杂的环境和挑战，智慧城市必定是未来我们生活和发展的基础。

第14章　欧洲智慧城市案例——德国柏林

柏林智慧城市最突出的特色是创新的治理模式、以实际需求为导向、统一品牌下的网络式发展。依托首都及周边极其发达与活跃的创新科技与经济，柏林在统一的智慧城市品牌下，组建智慧城市网络，在制定智慧城市战略时，注重以市场和市民的实际需求为导向，例如交通出行领域、信息安全领域等，以集群管理的理念打通智慧城市网络内部的价值链供需方，并向外进行智慧产品与经验的拓展推广。

14.1　城市概况

德国首都柏林是德国最大的城市，城市人口共347万人，面积892平方公里，平均人口密度约每平方公里3890人，加上周边地区的柏林-勃兰登堡都市圈的人口则超过600万人。柏林在政治、文化、传媒、科研、教育领域都是德国最重要的城市之一，核心产业包括信息技术、制药、生物工程、生物科技、光学电子、交通工程和可再生能源，已在柏林及周边形成了良性的集群式发展。

柏林在多项智慧城市排名中一直位列前十，例如2012年欧洲城市奖（European City Award 2012）、西门子2009年欧洲绿色城市指数（Green City Index Europa）、汉堡世界经济研究所（HWWI）城市排名等。

14.2　智慧城市战略

14.2.1　战略内容

2013年柏林组建了智慧城市部门，2014年发布了《柏林智慧城市调查报告》，对智慧城市的框架条件进行分析，如政治意愿、全球化、人口变化与再城市化趋势、柏林基础设施及未来发展方向等。在此基础上形成了《柏林智慧城市战略》，并于2015年获参议院批准，随后组建了五大工作组推进战略实施，并于2019年开放了"智慧城市实验室"，作为创新项目的城市实验地。目前柏林正考虑战略的进一步更新。

柏林智慧城市战略发展历程如图14-1所示。

图14-1　柏林智慧城市战略历程

柏林参议院经济事务、能源和商业部是柏林智慧城市的最高领导机构；柏林经济促进局下设的智慧城市组是中层管理机构；柏林智慧城市网络拥有150多个来自企业、科研机构、大学等领域的成员，带来项目想法，同时也是数字化进程的推动者和基层执行者。

柏林五大跨部门工作组负责推进具体项目实施：

（1）基础设施工作组：柏林市政、能源服务、交通、水务、天然气、供暖公司、柏林伙伴办公室、柏林工业大学等（大部分是柏林市属企业或公私合营的PPP形式）；

（2）行政管理工作组：德国弗劳恩霍夫开放通信系统研究院（FOKUS）是主要协调机构；

（3）公共安全工作组：柏林能源公司是主要协调机构；

（4）居住生活工作组：柏林建筑师协会、能源服务公司、能源设备供应商、相关软件企业、建筑事务所、柏林-勃兰登堡住房协会、柏林中心区住房协会等；

（5）交通工作组：柏林电动汽车管理局（eMO）是主要协调机构。

图14-2　柏林智慧城市六大目标领域

　　《柏林智慧城市战略》确定了六大战略目标领域：智能居住、智慧治理、智慧基建、智能交通、公共安全、智慧经济（如图14-2所示）。

　　具体来说，六大领域的细分措施如下：

　　（1）智能居住

　　1）新建住房

　　在充分利用土地资源，并且不会带来价格大幅上涨的前提下，保障每年约1万套新公寓建设，可通过以下四点数字化措施辅助：

　　①建立囊括柏林12个城区的统一的建筑用地信息系统；

　　②通过FIS Broker地理信息系统实时查阅并更新地理信息数据；

　　③综合规划流程的数字可视化，如3D实时模拟城市气候、照明条件、太阳能利用等规划因素；

　　④BIM建筑信息建模系统。

2）已有住房

①通过智能家居实现住宅内部环境的自动控制，减少安全隐患、降低生活成本并节约能源；

②智慧技术为残障人士提供生活辅助、远程医疗护理等服务；

③信息沟通技术用于防火防盗、节能等；

④远程在家办公，弹性工作时间缓解家庭护理压力；

⑤智能电表、按需供暖、调节室内气候等技术节约资源、提高能效；

⑥室内楼梯升降机等技术满足无障碍需求；

⑦供暖等能源现代化技术用于改善私人建筑或混合建筑的能源结构；

⑧海绵城市等理念改善雨水循环和微气候，提升绿地休闲空间品质；

⑨利用信息通信技术进行社区治理，增强社区凝聚力，如社区论坛App提供自助市场信息等。

（2）智慧治理

①统一的数据标准、业务流程逐步数字化；

②颁布《电子政务法》，创建电子政务的统一标准，作为智慧政务转型的法律基础；

③简化市民在线参与城市规划等进程；

④提供一站式服务，建立统一的标准化联络点；

⑤打造服务型城市，为所有部门的电子政务转型提供财政支持；

⑥建立统一可溯源的电子档案；

⑦建设政府开放数据平台，刺激产生新的智慧城市商业模式，如停车大数据系统等；

⑧加强智慧城市专业人才培训；

⑨艺术与文化的数字化（如在线博物馆）。

（3）智慧基建

①建设可持续与气候友好型的能源供应系统；

②发展循环经济如城市矿产、热能回收等理念；

③开发"绿色IT"，提高设备运算效率，降低系统配套电源能耗；

④智能电网实现按需分配，保障网络稳定性和安全性；

⑤可再生能源技术如热电联产、余热利用等实现高效供暖；

⑥对基础设施进行现代化改造，实现可持续水资源管理。

（4）智能交通

①发展共享交通数字化平台；

②支持电动汽车与交通能源网络集成；

③传感等创新技术结合交通大数据，改善交通管理与安全；

④设立城市智能中转中心，发展灵活的城市物流。

（5）公共安全

①通过数字手段促进公众参与，如灾害预警等；

②数据基础设施安全建设；

③加强城市韧性建设，防范系统性风险。

（6）智慧经济

①预计投资近50亿欧元支持创新；

②组织与资金支持科研成果转化；

③促进电动汽车产业发展；

④打造阿德勒斯霍夫科技园（Adlershof）与欧瑞府园区（EUREF）等未来园区项目；

⑤举办"大都市解决方案大会"（Metropolitan Solutions）等智慧城市国际会议与活动；

⑥重视国际经验交流与合作，如智慧城市代表团互访等。

14.2.2　代表项目

目前柏林智慧城市共有近150个智慧项目，涉及21个主题，包括：可持续经济、行政、安全、健康、数据、城市发展、教育和社会、市民参与、光学和传感器、工业4.0、气候和环保、资源效率、共享经济、旅游、循环经济、能源系统、交通、运输和物流、电动汽车、居住、供应和处理等。

1.　欧瑞府园区

柏林欧瑞府园区占地5.5公顷，原先是废弃的煤气储存罐和旧工业建筑，这片土地2007年被建筑师兼开发商里查德·穆勒先生（Reinhard Müller）收购后，经过十年时间，

图14-3   柏林欧瑞府园区

图片来源：Luftbild EUREF-Campus, Own work,URL: https://upload.wikimedia.org/wikipedia/commons/c/cb/200312_Luftfoto_EC_kleine_Datigr⁰%C3%B6%C3%9Fe.jpg

改造成了可持续发展、智慧城市与绿色技术的实验区，如图14-3所示。

如今，欧瑞府园区成为柏林能源转型的创新应用实验室，以及能源、可持续发展、交通领域的初创企业集聚地，园区内入驻企业及科研机构超过150家，如施耐德电气、德国人工智能研究中心与墨卡托研究中心、众多初创企业等，共创造了3500个工作岗位。欧瑞府零碳园区早在2014年就提前实现了德国联邦政府在2050年减排80%的气候目标，并获得了联合国未来人居奖。

园区智慧项目来自以下领域：

（1）智能建筑与能源管理系统，如建筑储能、智能家居与楼宇自动化等；

（2）可再生能源技术，如太阳能、风能和生物能源、热电联产技术等；

（3）智慧城市基础设施与智能电网，如自动无人公交系统、太阳能充电站、路灯为电动车充电、智能电表快捷支付系统等。

2. 城市开放数据平台

作为城市数据的云端平台，柏林开放数据平台旨在吸引市民参与智慧城市建设，并为第三方数字化应用提供数据。目前平台共收录了2190份关于柏林全市范围内的数据记录，共有22个类别，涉及劳动力市场信息、教育、人口统计、地理信息与城市规划、健康、青少年相关、艺术与文化、公共行政、预算与税收、会议纪要、社会福利、旅游信息、气候与环境、交通、住房等几乎所有主题。

所有的数据都按时间、类别、安全证书等指标进行分类，并实时更新，市民可以在线查询或下载，数据也供第三方使用。例如施工信息平台，既可以公示在建项目，也可供导航系统调用数据，避开施工地段；公共厕所位置信息提升城市旅游品质；犯罪地图大数据协助分析犯罪现状等。

平台还提供了供市民与政府互动的入口，一些重要或与日常生活息息相关的信息发布，以及市民参与城市发展的进程将更便捷。例如交通开放数据、圣诞市场信息、各类活动信息、气候与环保数据等。

14.3　智慧城市发展经验与评价

14.3.1　"由中而上而下"的治理模式

柏林可谓是德国的创业之都：德国17%的初创企业都将总部设在了柏林，2018年平均每月诞生37家初创企业，主要集中在软件、服务、电子商务、健康、交通等与智慧城市息息相关的领域。

柏林智慧城市的治理模式并非简单的自上而下或自下而上，而更符合英国知识创新研究者戴布·拉艾米顿（Debra M Amidon）提出的"由中而上而下"模式，这种模式认为知识创造适合采用"由中而上而下"的管理过程，当经营环境复杂化之后，高层主管不一定

懂得知识本体，而底层员工则无能力或职权来进行知识的
分散传播，所以由中层主管启动最为恰当。在由中而上而
下的管理模式中，高层主管创造远景或梦想，中层主管则
发展一般员工所容易了解的、较具体的观念，中层主管试
着解决高阶主管在理想和现实世界之间的冲突。这种模式
也最适合创造组织知识（智慧城市框架下的创新即可视为
一种组织知识）。

图14-4 柏林智慧城市治理模式
（Robert Lenk, Berlin Partner）

　　一般来说，传统的智慧城市治理与实施的模式
是，智慧城市网络成员提出项目想法→在实验室中测
试→结果反馈到中层管理部门进行经验总结→向上反馈给最高层委员会→委员会提炼
出总结性战略，再向下传达给网络成员，如此循环往复。柏林模式的特殊性在于，缺少
智慧城市委员会这一最高领导环节，上层参议院负责战略远景，但并不负责对下层的管
理，而下层一线的智慧城市网络成员最接近实际需求，但并不直接反映到最高层，而是
由柏林经济促进局（柏林伙伴公司Berlin Partner GmbH）下设的智慧城市组这个中间管理
层，负责向上（柏林参议院）和向下（智慧城市网络）传递信息并管理。如图14-4所示。

14.3.2　以实际需求为导向

　　柏林智慧城市的六大主题领域是可持续发展与智慧化的融合，将各领域的数字化、
智慧化作为智慧城市建设与更新的重点来对待，尤其重视电子政务和公共安全两个领
域。柏林各区之间的自主权较大，行政管理相对分散，公务人员的老龄化和使用纸质
文件办公的习惯，成为智慧城市建设的一大障碍。德国于2013年颁布了《电子政务法》
（E-Government-Gesetz），显示了推行电子政务的决心。

　　柏林市民对数据安全极度敏感，市民强烈的安全需求使柏林采取了大量措施巩固基
础设施及数据的安全性，在保障数据匿名、充分保护个人隐私的前提下，提高数字化参
与度，扩充了智慧城市的数据基础。

　　智慧城市网络中的企业、科研机构等，进行智慧研发的前提也是满足市场需求，例
如对共享交通越来越大的需求，催生了电动车共享、充电基础设施扩建的新兴商业模

式。以市场需求为导向的研发和应用，才能使众多科研项目、初创企业持续发展壮大。

14.3.3 智慧城市网络式发展

柏林建立了智慧城市网络并吸引了150多个成员参加，包括智慧城市相关的企业、科研机构、大学、工商大会、网络、能源供应商等，如图14-5所示。

柏林将智慧城市网络视为智慧城市发展的动力，这些企业和机构接触着最前沿的需求，对新趋势的反应最敏捷，并时时刻刻带来新的理念想法、创新发明等，是智慧城市发展最重要的知识载体。柏林政府并没有一手包办或是限制网络成员的研究领域，而是将重点放在组织讨论、工作组、举办活动等方面，将企业尤其是初创企业、政府行政管理、各类协会、科研、城市实验室等利益相关方聚集到一起，发挥网络的强大创新潜力，促进更容易落地的智慧城市项目建设。

图14-5 柏林智慧城市网络部分成员（Robert Lenk, Berlin Partner）

14.3.4　注重统一品牌与专业化管理

　　柏林初期的智慧项目较为分散，以企业、科研机构等私人领域的参与为主，政府层面参与较少；柏林12个城区之间的治理流程相对独立且不统一，政务文件系统的复杂和分散性，阻碍了政务数据快速交流。《柏林智慧城市战略》发布后，在"柏林智慧城市"这个统一的智慧城市品牌下组建了五大工作组，推进智慧项目的具体落实。不仅建立了智慧项目地图，更重要的是在统一的智慧框架下，以城市发展和市民的实际需求为出发点，强化柏林智慧城市品牌。

　　柏林注重对所有单个项目的专业化管理，例如欧瑞府各分公司各司其职，提供专业化有针对性的服务，并且都围绕着促进园区协同发展这个大主题，减少资源和时间浪费的同时，也利于形成可复制的专业化经验进行推广。

第15章　欧洲智慧城市案例——英国布里斯托

布里斯托智慧城市的典型特色是以人为本、软硬件结合、创新生态系统、注重国际合作。布里斯托市政府将智慧城市战略视作2050城市远景规划的数字化基础，其智慧战略服务于城市规划与建设，核心理念是聚集城市面临的挑战，打造以人为本的智慧系统，实现手段包括建设软硬件相结合的数字基础设施系统，支持发展广泛覆盖的创新生态系统，具体措施如建设光纤网络B-NET、建设"布里斯托开放"城市数字化平台等，并积极参与欧盟与国际智慧城市合作网络。

15.1　城市概况

布里斯托在英国历史上的地位一度仅次于伦敦，是英国的航空业中心，同时也是英国最大的创意和数字媒体中心之一，数字产业集群的年营业额达到102亿美元。人口共46.3万，面积110平方公里，平均人口密度约每平方公里4209人。

现代城市发展中出现的诸如资源不足、用地紧缺、交通拥堵、环境污染等挑战，使作为岛国的英国面临着更大的威胁。在民间、政府、企业等多方参与者的推动下，英国很多城市正积极并快速向智慧化转型，以应对城市挑战。

2016年华为发布英国智慧城市指数，从战略和执行两大维度十大指标分析了英国智慧城市，布里斯托与伦敦被评为"领跑者"，此后，布里斯托市超越伦敦成为英国最智慧的城市。2018年，布里斯托市获得全球移动通信系统协会（GSMA）在"全球移动大奖"（Global Mobile Awards）中颁发的智慧城市奖。

15.2 智慧城市战略

布里斯托于2019年发布了2050城市发展远景规划——"同一个城市（One City Plan）"，以每十年为一个阶段，通过六大领域的战略措施，发展面向未来的公平、健康、可持续城市，这六大领域分别是：互联互通、健康福祉、住房与社区、经济发展、环境、学习与技能。布里斯托智慧城市战略——"布里斯托连接（Connecting Bristol）"则是2050远景规划的第一个五年战略体现，将在2025年使布里斯托成为英国数字化程度最高的城市。

15.2.1 战略内容

布里斯托智慧城市战略的核心是搭建以人为本的、软硬件相融合的基础设施系统，为2050远景规划打好数字化基础，分为以下六大关键措施领域：

（1）聚焦城市面临的挑战，以需求为导向，成立城市创新小组，通过创新数字化工具应对挑战。例如以举办针对具体问题的"编程节"活动；建立城市数字项目平台和数字连接论坛；扩建电动充电网络以及社区数字化课程等。

（2）加强通信基础设施建设，提升连通性。例如建设光纤网络B-NET、"布里斯托开放"城市数字化平台、城市运营中心、开放数据平台、超高速公共网络和下一代5G网络、建设物联网等，如图15-1所示。

（3）创建广泛覆盖的创新生态系统，充分考虑各参与方的兴趣点，汇集城市的集体创造力和多元包容网络，支持系统内部的可持续发展。

（4）加强数字基础设施安全建设，制定相应的准则与数据保护法规，保障数据安全和隐私，并增强对数字版权的保护。

（5）采取主动管理风险，聚焦需求导向的创新管理，例如加强城市联动，取得技术应用的规模效应；创建短期和长期结合的项目组合，以分散风险，并建立整个项目周期内的投资风险与价值追溯体系；建立结构化的创新管理框架；融入英国全国的智慧城市标准，促进可转化性和互操作性，建立智慧城市共享框架等。

（6）公共服务创新，例如搭建云技术高效基础架构；推进政府治理的数字化转型；建立统一的开放标准与格式；促进以民众需求为中心的解决方案；完善开放数据系统等。

Designers: PLACEmaking
Photographer: Mark Ashbee

图15-1　布里斯托智慧城市运营中心

图片来源：Bristol Council Smart Operations Centre，Perform Green，Mark Ashbee，URL: https://www.performgreen.
co.uk/clients/bristol-operations-centre/

15.2.2　代表项目

西诺尔媒体中心（KWMC）在1996年成立于布里斯托市西诺尔城区，是一个社区组织，同时也是一家艺术媒体中心和公益组织，通过智慧技术为市民生活提供便利，并组织对话活动、研讨会，帮助不同背景的人群合作开发需求导向的解决方案。西诺尔媒体中心的主要工作大致可以分为三大类：组织项目与大型活动、小型工厂培训、生活实验室。

通过举办数字化展览，吸引普通民众参与数字化进程，以自下而上的方式提出需求并开发方案，社区及相关机构自上而下提供支持。媒体中心将小型工厂的业务转移到线上，例如提供激光切割、数码刺绣等业务，同时开发了多种软件，并向普通民众提供数字化培训，民众可以利用开源的数字图案资料或者自己设计的图案，在媒体中心的社区工厂内定制家具，或是利用数码刺绣机定制服装、礼品装饰等工艺品。如图15-2所示。

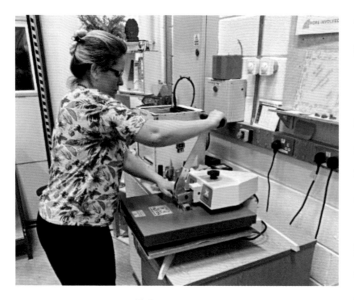

图15-2 社区工厂

图片来源：西诺尔媒体中心网站https://kwmc.org.uk/

15.3 智慧城市发展经验与评价

布里斯托智慧城市战略指出，不应简单地将城市看作机器、将智慧技术看作机器的操作系统，更新了操作系统就一定会使城市这部"机器"更灵活，带来城市治理水平的提升，而应充分认识到，城市治理非常复杂，城市是多元的、各种挑战与思维、生活方式交织在一起的生活、工作、社交场所。

布里斯托智慧战略目的是为2050远景规划创建数字化基础，没有一味追求数字化在所有领域的大而全，而是在解决城市实际需求的前提下，将重心放在建立数字化网络基础上。作为英国最智慧的城市，布里斯托路径的经验主要体现在以下几方面。

15.3.1 发展路径的六大步骤与四点经验

布里斯托智慧城市战略的开发以市民需求为核心。由西诺尔媒体中心与西班牙巴塞罗那创新办公室"Ideas for Change（理念变革）"共同开发的智慧城市发展路径，将战略开发过程分为六大步骤：

1. 鉴别阶段

通过对话、居民大会等方式，与居民一起鉴别当前生活面临的挑战或希望解决的需求。布里斯托初期鉴别出了三个需求：零售商希望预测客流量，环保人士希望收集生物多样性的数据，住户则希望解决房子发霉和潮湿问题。

2. 框架定义阶段

通过工作坊的形式，组织主题讨论、补充及信息汇总，评估现有数据及待收集数据，为扩大影响面与广泛性，需要尤其注重第三方的外部参与。

3. 设计阶段

通过合作设计工作坊的形式，与所有的利益相关方共同设计解决方案思路，例如在解决房子发霉问题时，与住户、粉刷匠、物业等共同讨论设计。

4. 部署实施阶段

根据上一阶段的设计结果，开发相应的智慧工具，进行测量与数据收集，例如开发智能传感器与数据平台，对发霉情况进行测量。

5. 数据生成与分析阶段

根据上一阶段的测量数据，进行数据分析，找出问题根源。

6. 解决方案工作坊

在最后阶段，通过工作坊的形式，制定发布解决方案，并充分与所有的利益相关方进行交流，整个过程中的数据收集和平台、预算等都保持高度透明。

在智慧城市理念开发和项目实施的过程中，布里斯托总结出了四点重要经验：

（1）迭代：将上一阶段的输出作为下一阶段的输入，再次进行处理（区别于循环重复），使解决方案具有可追溯性、延续性和实用性；

（2）因地制宜地推进项目发展，以实际需求为导向；

（3）确保项目创新有趣，吸引更多人参与并收集更全面的数据；

（4）提高管理机构与社区组织的沟通能力。

15.3.2　自下而上为主与自上而下为辅的治理模式

布里斯托的智慧城市治理模式以自下而上为主、自上而下为辅，基于"市民场景"，即以市民为中心持续参与整套流程，包括从项目定位、数据收集到最终解决方案的开发。这种模式既吸收了自上而下模式的优势——决策支持与实施力度更强，也考虑了自下而上模式的高度参与性。

首先，在智慧城市战略——"布里斯托连接（Connecting Bristol）"的初期阶段，市民就广泛参与了智慧愿景、建设怎样的智慧城市，以及战略建设方向的讨论。其次，布里斯托的多个基层组织如西诺尔媒体中心等，并不仅仅专注于少部分的创新先锋企业，或是因智慧概念而热门的通信领域企业，而是广泛吸引各领域参与者共同讨论，以市民大众为出发点，考虑大众需求。最后，战略的制定与项目的实施过程中，布里斯托也时刻以民众为中心，获取民众参与提供智慧数据的积极性，保证持续、健康、真实的数据流量。

15.3.3　大力建设广泛覆盖的软硬件网络

1. 网络建设

布里斯托与大学等机构合作建立了多个网络和数据平台，例如"布里斯托开放"平台、通信及光纤网络B-NET、政府开放数据平台等，一方面可以提供数据和信息共享，另一方面也是新兴智慧解决方案的试验场地。

布里斯托正在发展覆盖全市的5G网络，并在5G领域投入了大量资金进行研究，这也是布里斯托2018年获得全球移动通信系统协会"全球移动大奖"的重要原因之一。例如，布里斯托大学的智能互联网实验室和高性能网络小组，正研究辐射全市的5G测试台，并在交通与环境监控等5G垂直应用领域取得了非常成熟的成就，如图15-3所示。

2. 代表项目："布里斯托开放"

"布里斯托开放"平台于2015年由市政府与布里斯托大学合资成立，旨在为城市政府、当地社区、大学及科研机构、企业网络等伙伴打造开放的可编程城市和智慧实

图15-3　布里斯托5G连接

图片来源：University of Bristol，URL: https://www.bristol.ac.uk/engineering/research/
smart/news/2018/5g-smart-tourism.html

验平台，他们可以获得城市相关的智慧数据，并利用数据进行智慧解决方案的进一步
开发。

　　"布里斯托开放"项目获得了来自英国政府的530万英镑资助，首先在主城区建设智
慧硬件网络、布置传感器、更新与智能手机等智能设备的连接，并逐步扩大到全市范
围。项目将实现对城市数据的监控与收集，例如空气质量、温度、照明、噪声、湿度
等，通过分析，联合交通信号灯、城市交通、物流运输系统等作出最优反应，一方面
让市民实时获得城市最新数据，另一方面让其他使用者如第三方企业获得智能数据的入
口，进行进一步的开发利用，并让布里斯托市政府也可以根据智能数据解决方案，提升
城市治理效率。

15.3.4　政府及相关机构的联动与支持

　　布里斯托政府内部建立了跨部门的合作机制，由于很多项目的实施并不仅仅涉及某

个单一部门，政府上层跨部门的协商与合作可以确保资源不被重复利用。同时建立了智慧城市指导小组，由市议会和"布里斯托连接"公司代表组成，负责监督智慧战略的实施，并提供相关的领导、支持与总结。

布里斯托周边地区共有包括布里斯托大学在内的四所顶尖大学，在机器人技术、生命科学、航空航天、复合材料应用等方面有着领先地位，也是英国工业4.0基地之一。市政府与布里斯托大学联合成立了各种数字化平台，旨在为智慧城市战略提供科研和实验基地，同时也向大学或科研机构提供程序接口（API），使他们可以付费接入数据平台，共同进行开发利用。在这样的模式下，政府为大学提供科研实验地，大学的科研成果反过来可以吸引项目投资及新兴企业的落户，双方形成了良性发展。布里斯托产-学-研成功合作的模式已经吸引了价值数百万英镑的项目投资。

15.3.5　积极参与区域及国际合作

对于人口只有不到50万人的中小城市来说，毕竟智慧城市技术市场有限，区域合作可以带来规模效应。布里斯托重视与其他城市、区域及国际领域的合作，以及与第三方企业的合作，并通过区域智能联盟与网络获得融资。

布里斯托的合作网络包括：

1. 第三方企业

布里斯托在确保数据隐私及安全的前提下，与第三方国际企业如日本电气NEC、诺基亚等进行合作，将数据接口开放给企业，既可以获得企业资金支持数字化网络的维护和进一步发展，也可以利用企业开发的智能解决方案，协助解决城市挑战。

2. 区域城市及企业联盟

布里斯托智慧发展路径由西诺尔媒体中心与西班牙巴塞罗那创新办公室共同开发，同时，布里斯托与区域城市联盟——英格兰西部联合管理局（WECA）、区域企业联盟——英格兰西部企业联盟（LEP）进行合作，充分利用地区顶尖大学和智能联盟资源，开发联合空间发展计划、运输计划以及智慧城市产业战略。

　　欧盟城市智能复兴项目REPLICATE共有39个合作伙伴，包括三个主要发起城市，也被称为智能城市灯塔：英国布里斯托、西班牙圣塞巴斯蒂安、意大利佛罗伦萨，以及众多"跟随者"城市和"观察员"身份加入的城市，如中国广州和哥伦比亚波哥大等。复兴项目的目标是通过创新技术、组织和经济解决方案，加快城市智能过渡的进程，包括提高资源效率、城市可持续性和智能基础设施。

　　欧盟生活实验室网络Living lab ENoLL成立于2006年，由芬兰担任轮值主席国，是一个以市民为中心的开放式创新生态网络，目标是创建开放的创新基础设施，使每个人都可以参与创新，是一个连接城市、致力于建立智慧城市统一标准、并与成员共享最佳经验的网络项目。目前网络共有150多个活跃成员区域，针对能源、交通、医疗健康、农业食品、媒体等多个领域促进智能创新，并提供生活实验室开发的辅导计划、专家支持和培训。

第16章 欧洲智慧城市案例——奥地利维也纳

　　维也纳智慧城市是其可持续发展理念的延伸，注重公众参与，将智慧城市战略作为顶层战略并给予多级联动支持。智慧城市战略注重资源、创新、生活品质这三大维度相和谐的可持续发展，是对联合国与欧盟可持续发展战略的具体落实体现，在制定战略之前就充分考虑以人为本，推行了为期近两年的公众参与进程，深入了解并挖掘公众的实际需求后，将智慧城市设计成顶层战略，作为其他各项战略政策的总体框架指南，并通过欧盟、国家、城市等多级政府联动支持战略发展，也是欧洲为数不多的开发了智慧建设成果评估工具的城市。

16.1 城市概况

　　维也纳既是奥地利政治、经济、文化中心，也是欧洲最重要的文化中心之一，在世界上有着"音乐之都"的美誉。维也纳市人口近190万，城市面积414.6平方公里，平均人口密度约每平方公里4600人，包含周边地区的维也纳大都市区人口达到了260万。维也纳城市人口数量在德语区中排名第二，仅次于德国柏林，也是整个欧盟的第五大城市。第一次世界大战前的20世纪初，维也纳人口曾达到超过200万的峰值，彼时为解决住房压力而建立并发展成熟的社会保障房体系，也是维也纳生活高品质的重要名片之一。

　　维也纳的高品质生活水平享誉世界，多次位列世界最佳宜居城市榜首，并被联合国人居署列为世界最繁荣都市，在创新文化领域也位列全球前茅。这和维也纳市多年来对提升生活品质的战略规划，以及不断优化的实践密不可分。2014年发布的维也纳智慧城市战略更是指明了未来的发展方向和框架。

16.2 智慧城市战略

根据奥地利统计局2018年的数据，预计在未来25年，维也纳将发展成为拥有300万人口的大都市。人口增长和老龄化给维也纳城市住房、公共交通、能源供应、供水和卫生设施及垃圾处理等基础设施带来了新的压力。维也纳城市格局已趋向稳定，几乎没有可供开发的闲置空地，城市发展的重点是对现有结构的优化，几乎不再开发新区项目（Aspern湖滨智能城市项目例外）。

2011年在市长米夏埃尔·豪普博士（Dr. Michael Haeupl）的亲自主导下，维也纳发起了智慧城市大型倡议，紧接着进行了为期近两年的广泛参与进程。通过定期论坛，为来自各领域的利益相关方、决策者、资助机构、政府官员、工商业界、科研界专家学者等，提供了广阔的交流平台。

2013年初，维也纳市政府幕僚长（Magistratsdirektor）埃里希·黑希特博士（Dr. Erich Hechtner）领导的智慧城市指导小组对各方的参与进程进行了总结，并决议创建智慧城市框架战略———一项旨在阐明2050年愿景的长期顶层总体战略。

2013年7月，市长豪普博士与奥地利基础设施部部长多里斯·布雷斯（Doris Bures）签署备忘录，维也纳市与奥地利联邦就智慧城市发展达成一致，并将在欧盟层面争取融资支持。2014年，维也纳市议会正式通过了《维也纳智慧城市框架战略》。五年后的2019年，维也纳发布了更新后的《维也纳智慧城市框架战略2019—2050》，进一步深入可持续发展。

16.2.1 战略内容

维也纳在2014年发布的《维也纳智慧城市框架战略》中，定义了智慧城市2050的指导目标的三大维度（如图16-1所示）：在尽可能节约资源的前提下，通过广泛创新，实现维也纳所有居民的最高生活质量，战略进一步阐述了三大维度下的具体目标以及实现目标的基本途径。

1. 资源维度

（1）能源

1）提高能效，2050年人均能耗降低40%；

2）人均一次能源消耗量从3000瓦降低到2000瓦；

3）2030年可再生能源占比超过20%，2050年超过50%。

（2）交通

1）减少私人汽车，2025年私人汽车占比降至20%，2030年降至15%，2050年降至大幅低于15%；

图16-1　维也纳智慧城市战略目标维度

2）2030年大幅提高公共交通占比，并使用新型驱动技术（如电动车）；

3）2050年实现全市范围内私人车辆100%的驱动清洁化；

4）2030年实现运营车辆的零排放；

5）2030年客运交通能耗降低10%。

（3）建筑

1）2018/2020年起，对所有新建、增建、改建建筑的最低能耗标准进行成本优化，改善供暖系统；

2）大规模建筑翻新，供暖/制冷/热水的能耗每人每年下降1%。

（4）基础设施

1）保持高水平基础设施；

2）2020年成为欧洲最领先的开放政府；

3）3年内推出100个应用程序App；

4）与信息技术企业合作推出示范项目；

5）3年内全市建成无线网络。

2.　创新维度

（1）科研技术创新

1）2050年成为欧洲五大科研创新大都市区之一；

2）至2030年将吸引更多大型跨国企业在维也纳设立研发中心；

3）2030年成为国际顶尖科研人员与学者的聚合器；

4）2030年构建维也纳-布尔诺-布拉迪斯拉发创新三角。

（2）经济

1）2050年成为欧洲人均GDP十强地区之一；

2）中欧及东南欧的经济中心地位继续增强；

3）来往的外商直接投资比2013年翻番；

4）2050年，技术密集型产品出口份额达80%。

（3）教育

1）全日制和综合学校全覆盖，扩建优质托儿所；

2）通过职业教育系统和义务教育吸纳更多年轻人，并提高他们的教育学历；

3）加强与国外的学历互认尤其是成人教育学历认证框架。

3.　生活品质维度

（1）社会包容与融合

1）所有居民和平共处在多元城市内；

2）创造优质且负担得起的生活环境；

3）保障工作回报并满足基本生活需要；

4）妇女参与计划、决策与执行，保障性别平等。

（2）健康

1）改善健康生活条件和居民健康素养；

2）改善护理结构和流程，减少住院频率和时间，确保最高水平的医疗护理；

3）确保医院卫生系统的公立性，普查提升效率潜力；

4）门诊治疗作为住院前的组织基础，提倡尽量在家提供最高质量的护理；

5）保障休闲时间的数
量和质量。

（3）环境

1）2030年绿地占比50%
以上，持续发展城市休闲
空间；

2）2020年城市垃圾处
理的碳排放盈余达27万吨。

能源供应	污水和垃圾处理	教育
建筑	环境	科学研究
交通出行	健康	数字化
经济&工作	社会包容	参与

图16-2   维也纳智慧城市建设12个目标领域

而在2019年更新后的《维也纳智慧城市框架战略2019—2050》中，维也纳对战略方向
和目标进行了补充。维也纳基于联合国17大可持续发展目标，以及对智慧城市战略阶段成
果的评估，将"数字化"和"参与"更新进了新修订的12个目标领域（如图16-2所示）。

同时，新的目标领域不再只局限于满足资源、创新、生活品质这三大维度中的一个
维度，而是每个目标都将考虑这三个维度的最优配置。

16.2.2　战略更新

2014年智慧战略初次发布时，维也纳并没有将数字化作为重点，而2019年更新后的
战略则大大提升了对数字化的重视，在战略层面，数字化目标分为7个子目标：

1. 智慧城市

在统一框架下，充分利用数字化工具和数据，逐步打造"欧洲数字化之都"。

2. 政府程序自动化

2025年，智慧城市指导小组及相关企业将尽可能实现全自动化办公。

3. 数字基础设施

通过政府直接投资或公私合营的PPP模式，建立现代化的面向需求的数字基础
设施。

4. 数字化治理与数据

利用交通、人口、气候、物流等各个相关领域的大数据，进行数字化城市治理。

5. 数字化参与

市政府及分支机构利用数字化工具，提升公众参与度与透明度，改善政府政策流程及实施效果等。

6. 数字化数据应用

建立政府开放数据平台，将数据匿名开放给科研、教育等领域使用。

7. 第三方合作与城市实验室

支持数字创业，引入城市实验室，使维也纳成为智慧解决方案的实验地与应用地。

16.2.3 代表项目

目前维也纳在12个目标领域共有120多个大大小小正在进行或已完成的项目。

1. 阿斯彭（Aspern）湖滨新城

阿斯彭（Aspern）湖滨新城是奥地利最大的新开发区域和欧洲最大的新区之一，也是智慧城市重点示范工程，维也纳市将联手西门子集团，打造智慧城市生活实验室。阿斯彭区距维也纳市中心13.4公里，以前是废弃机场，经过5年的规划设计与品牌建设，将打造以多元、开放、紧凑、平衡为发展目标的智慧新城（如图16-3所示）。

新城设计面积2.4平方公里，植被覆盖率达50%，可满足2万居民的居住生活需求，创造2万个就业机会。整个项目预计到2028年完成，目前部分公共建筑和住宅楼已经完工，城市基础设施也已基本完善。

湖滨新城项目有着三大突出特征：首先，作为生活实验室，新区不仅着眼于单个项目，而注重包含智慧建筑、智能电网、智能通信、能源优化等整体系统，并且可以实时

图16-3   阿斯彭湖滨新城效果图

图片来源：vienna business agency, URL: https://viennabusinessagency.at/property/industrial-areas/properties-in-vienna/aspern-viennas-urban-lakeside/

进行实验评估；其次，三栋主体建筑以整体智能化方式设计，配备光伏发电、光热、热泵及储能储电系统，赋予建筑能源生产能力；最后，特别注重用户体验和以人为本，总体规划设计吸收了市民参与，新城内的111户家庭更直接参与了研究项目ASCR，将能耗等数据交给研究使用。

新城内的建筑将实验并应用"数字孪生"技术，建立数字化复制，详细记录并分析天气预测、实时用电需求、实时能源供给等数据，在建筑内以及建筑之间，通过错峰平峰等调控措施，实现资源的合理且精确分配，并进行建筑智能维护（包括根据传感器数据分析进行的预防性维护等）。居民将可以根据个人需要对各项指标进行定制，如室温等，并可以通过智能家居实现远程智能控制。

2. 智能地热能源测量项目

维也纳技术研究院、联邦地质研究中心、中央气象与地球动力研究院、维也纳大学、萨尔茨堡大学等高校，以及相关软件、能源企业共同进行了智能地热勘测项目，在170平方公里土地上，使用2600个地震检波器向地下发射振动波，根据对所收集的1.2TB数据的分析，绘制出了地下结构的详细三维图像，并识别出了地下热源的位置和大小，后续开发利用阶段将大幅降低对化石燃料的依赖，满足可持续发展目标。

3. 区块链能源交易项目

因供需数据、能源价格频繁变动、涉及利益方广泛等多方面原因，能源交易的过程非常复杂，区块链技术因其点对点省去中间环节的技术优势，被认为将带来能源行业的革新。2017年起，维也纳能源集团联合国际石油公司、区块链初创与平台企业等开展了天然气交易试点项目。如今，维也纳能源集团已成功创建了天然气区块链交易平台，并运用区块链技术在2017年10月实现了首次成功交易。

下一步，维也纳将在"城市先锋社区"创新项目中，大力建设区块链基础设施，一方面为创新技术和商业模式提供了实验机会，另一方面也为终端用户带来成本降低、简化流程等实际利益，例如区块链技术用于简化电动车充电站收费，节省时间与资源。

16.3　智慧城市发展经验与评价

16.3.1　自上而下与自下而上相结合的治理模式

维也纳智慧城市战略从提出到实施，体现了典型的自上而下与自下而上相结合的治理模式。维也纳在市长主导下提出智慧城市倡议后，进行了近两年的公众参与进程，成果总结成了智慧城市战略的重要基础。如图16-4所示，维也纳智慧城市战略被设计为城市发展的顶层战略，是其他各项战略政策的总体框架指南。包括气候保护、数字议程、交通、城市发展与休闲绿地规划、能效、创新与健康等维也纳市政府的其他战略计划，都应符合智慧城市战略的框架。

智慧城市战略得到维也纳市议会的批准通过，列入政府预算，获得财政支持，同时，成立了幕僚长领导的智慧城市指导小组和负责运营的智慧城市运营机构，除运营外

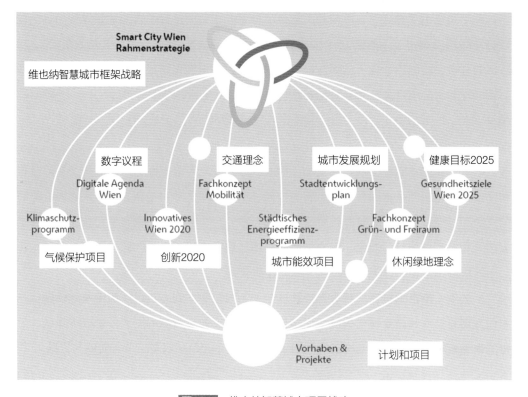

图16-4   维也纳智慧城市顶层战略

也负责相应的对话、合作、宣传与沟通协调，并由政府对智慧城市战略进行监控评估，保证了自上而下同一体系下的管理与实施。

16.3.2   多级政府联动支持

（1）联邦层面，奥地利联邦交通-创新-技术部BMVIT深度参与了战略规划与实施。例如智能电网、能源供应、交通基础设施和数据网络等智慧城市最关键的基础性领域，并广泛参与多项欧盟项目，积极促进"智慧城市维也纳"在国际上的合作和交流；

（2）地方政治层面，市长亲自主导智慧城市倡议，市议会批准战略并提供相应的资源支持；

（3）地方行政层面，维也纳政府幕僚长领导的智慧城市指导小组对各方的参与进程进行了总结，多个主体跨部门相互合作推进项目，如维也纳城市发展和规划局、市建筑消防设施管理局、市交通管理与技术事务局等；

（4）具体运营层面，隶属于维也纳市政府的运营机构负责战略实施、项目启动和协调任务等。

16.3.3　可持续发展与以人为本

维也纳智慧城市战略的3个维度、12个目标领域，以及2030年和2050年阶段性目标，都以长期的可持续发展观点看待城市发展，项目的规划实施、资金的使用重点倾向于长久提升城市生活品质，保障可持续良性发展。更新后的《维也纳智慧城市框架战略2019—2050》提出建设城市韧性理念，将最大程度节约资源、培养广泛的创新能力并保障生活质量，从而增强城市面对灾害时的应变能力。

维也纳的智慧化措施将居民和用户的需求放在首位，例如阿斯彭新区对智能用户的考虑，或是区块链技术与平台简化居民能源交易，地下热能测量满足居民区域供暖与制冷需求等。只有充分考虑用户需求、得到公众认可并被接受，并在公众的持续参与下不断完善的智慧城市方案，才是有持续生命力的智慧城市方案。

16.3.4　积极参与欧盟智慧城市合作项目

维也纳积极参与欧盟智慧城市项目"智慧共享"（Smarter Together），与德国慕尼黑、法国里昂紧密合作，旨在提升现有建筑的能源再利用和提供多样化的移动性供应。维也纳西梅林区（Simmering）项目就是其中之一。2016年到2018年，维也纳围绕市中心西梅林区原有住宅建筑的重新开发、可持续交通以及可再生新能源等方面进行更新，每年可节省600万千瓦时的电能，减少550吨的二氧化碳排放量；同时将城市活动集中于核心区域，通过光伏、太阳能、节能照明系统、电动自行车和电动汽车对现有的能源交通重新设计，减少交通流量，腾空更多土地，提供绿色休憩空间。

该项目现阶段已进入评估期，2021年评估结束后可推广到其他欧盟智慧共享框架下的其他城市结构相似的老城区，如慕尼黑和里昂等，除此之外，还通过"智慧区域"（Smart Region）平台与其他联邦州合作，共享智慧城市经验。

16.3.5　开发成果评估工具

维也纳开发了智慧城市成果评估工具，定期审核其框架战略目标实现的程度。维也纳智慧城市框架战略中，在目标的三大维度（生活品质、创新、资源节约）下，设立了大量的定性和定量指标，并按目标实现进度划分为四个层次，由低到高的层次分别是：（1）未按目标路径实施；（2）部分按目标路径实施；（3）大部分按目标路径实施；（4）完全按目标路径实施。指标不仅可以用于评估智慧城市成果，也创造了多方合作的平台，有利于下一步各方之间合作的改善。

2017年，维也纳利用评估工具进行了首次智慧城市建设成果评估，考察了框架战略的所有51个目标，其中23个目标完全按照预定路径，有11个目标基本按预定路径实施，整体目标基本完成了三分之二。结果也显示，维也纳确保了城市水处理和垃圾处理基础设施的长期有效性，制定并基本遵守了为新建建筑和旧建筑改造所定的严格能耗标准，同时维也纳城区的绿化率仍保持在50%以上。

第17章 欧洲智慧城市案例——法国里昂

法国里昂是智慧城市的先行者，为其他城市的智慧建设开创了多方面的经验，并十分注重国际标准。里昂发展智慧城市的理念甚至早于"智慧城市"这个概念出现的时间，也是法国第一个智慧城市，基于智慧项目的横向组合，20世纪90年代末就开创了项目公司与政府签订服务合同来建设智慧城市的模式创新，是欧洲第一个试验智能电网的地区，创建了生活实验室理念，后来被广泛应用于其他城市的智慧战略，重视创新的同时也注重统一品牌建设，建立了包括政府及私营企业等机构的"VIVAPOLIS"智慧城市品牌，更将ISO国际标准与欧盟标准引入智慧城市建设，促进智慧城市建设经验的国际交流。

17.1 城市概况

里昂是法国第三大城市，城市人口51.6万人，面积47.87平方公里，人口密度约每平方公里10780人。里昂拥有2000多年丰富历史，因其高生活质量吸引着世界各地的人们，1998年被联合国教科文组织列为世界文化遗产城市。里昂拥有实力雄厚的银行业、化学、生物医药、生命科学等产业，是法国第二大经济中心。美国美世咨询发布的《2019年世界宜居城市排名》中，法国仅有巴黎和里昂入选。

在数字化领域，里昂在法国的地位绝对属于第一梯队：里昂是法国第一个智慧城市，也是法国第二大数码中心和数字产业集聚地。多个IT行业举足轻重的企业如雅达利（Atari）、艺电（EA）、施易德软件（Cegid）等都在里昂设有总部或分公司。里昂大都市区也因其强大的IT行业网络、开放的数字化环境、对创新和初创企业的大力支持等，被认为最有潜力成为"法国硅谷"的地区之一。

17.2　智慧城市战略

17.2.1　战略内容

里昂智慧城市战略通过横向综合里昂大都市区的多个项目组合，利用城市更新工具来促进智慧创新，最终目标是汇集所有的利益相关方，为里昂大都市区创造经济、社交和社会价值。

截至目前，里昂智慧城市包含104个创新项目，合作网络中包含来自工业企业、政府、大学、科研机构、数据平台等领域的共289个合作伙伴，包括13个欧洲城市伙伴如西班牙巴塞罗那、德国慕尼黑、奥地利维也纳等，共创造了33500个设计和研究领域的工作职位，以及33500个数字技术和创意产业领域的工作职位，形成了数字化集群。

里昂智慧城市措施包括七大领域：

1. 智能电网

大里昂区（Greater Lyon）是欧洲第一个试验智能电网的地区，典型项目如里昂智能社区（Lyon Smart Community），通过光伏、储能技术以及以传感器为基础的综合能源分配，实现了集居住、商业、办公于一体的正向能源建筑（建筑产出的能源大于所消耗的能源）。里昂参与了"欧洲转型"项目（TRANSFORM），与阿姆斯特丹、哥本哈根、维也纳、热那亚和汉堡合作，根据示范城市的研究数据，建立商业及融资模式，支持城市能源转型与治理，如图17-1所示。

2. 城市生活实验室与城市更新

将社区作为智慧城市技术试验和应用的实验地，在考虑到城市韧性建设和公共福祉的同时，提升城市吸引力。生活实验室的长远目标是利用开放数据平台、能源基础设施

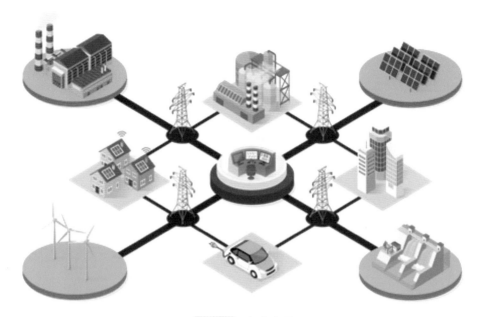

图17-1　智能电网

图片来源：Smart Grid，OPUS energy，URL: https://www.opusenergy.com/what-is-the-smart-grid/

管理与数据收集程序等，创建中立的运营平台，对整个大都市区内的能源数据网络和区域能源优化进行管理。

3. 空气质量

在城市规划领域，减少机动车道占地，重新回归景观大道设计，并持续扩建自行车道路网建设；在交通领域，大力发展电动公交为主的绿色公共交通，鼓励拼车出行和汽车共享，政府支持购买电动自行车；在住宅领域，进行房屋节能改造，使用高效的节能电器等；在经济产业领域，支持数字和初创公司提供与空气质量相关的创新解决方案。

4. 城市水管理

成立饮用水管理监督中心，利用传感器和监控、建模系统，收集并分析水务服务相关数据，实时监控显示水资源供给及使用情况，并分析数据用于优化干预措施，特别是减少管道泄漏和降低能源消耗。

5. 交通运输

联合企业、科研机构等15个合作伙伴，开发覆盖里昂大都市区的多式联运导航系统——里昂奥蒂莫德系统（OPTIMOD'Lyon），其数据涵盖面非常广，除基本的公共交通数据外，还包括长途交通、停车场空位、共享自行车的可用数据、出租车位置、建筑工地数据、气象数据等，并可以实时预测一小时内交通情况，也可以用于旅游规划。

6. 公共健康

联合医疗专家与协会，制定了帕斯卡林计划（Pascaline Program），通过建立联网的卫生信息系统，使医疗专家与护理保健人员之间的信息交流更畅通，并通过在线数据站，更好地了解居民的健康需求，例如预判疫苗接种时间等。数据将在完全保密的前提下收集，最终目标是让居民根据自身情况自主参与健康管理。

7. 创造力

采取工作坊的方式，激发参与者的创新想法。例如将博物馆改造成临时游戏场，参与者可以控制自主设计的电动车在博物馆内比赛，激发对机器人技术的创新理解。

17.2.2　代表项目

里昂智慧城市战略的起点可以追溯到20世纪末的城市更新项目——汇流城项目（Lyon Confluence），这是法国最大的城市更新项目之一，也是法国首个经世界自然基金会（WWF）认可的可持续城市更新项目，宏观目标是降低温室气体的排放。

汇流城占地150公顷，旨在打造满足各阶层和背景的市民居住、生活、工作及公共休闲等多种需求的综合性城区，不同于德国慕尼黑、奥地利维也纳等城市进行局部智慧更新的做法，里昂采取了更加彻底的改造模式——整个汇流城150公顷面积的大部分都是由工业区全新开发成商、住、轻工业混合区的。此项目带来的经验深化与总结，构成了现今里昂的智慧城市理念基础。如图17-2所示。

图17-2 里昂汇流城

图片来源：The Confluence district，OnlylyonTourisme，URL: https://en.lyon-france.com/Discover-Lyon/heritage-unesco/Contemporary/The-Confluence-district

汇流城项目为里昂智慧城市战略打下了四个理念支柱，分别是：

（1）充分考虑城市发展进程中的环保与能源问题；

（2）吸引尽可能多的参与者，如企业、协会、组织及市民等，并加强互动联系；

（3）以人为本，引导用户参与智慧城市产品与服务的开发；

（4）注重创新技术与城市发展的整合集成。

具体来说，汇流城项目主要包括以下五大领域的措施：

（1）可再生能源利用

在现有及新建建筑上安装光伏系统，新建利用太阳能发电和余热利用的区域供暖站，引入智能电表，实现能源分配的现代化并改善能源消费的核算流程，精准了解能源基础设施的运行情况。基础设施收集的数据将集中发送到大数据平台，促进能源系统商业模式的创新，例如智能定价、消费市场一体化等。

（2）节能改造

通过社会保障住房、废旧工业建筑的旧房改造，实现三大总体目标：降低建筑能耗、整合可再生能源、降低能源成本。改造措施如建筑立面、门窗、屋顶的翻新与节能改造；供暖、热水、照明等能源系统的现代化更新；安装光伏系统、光热系统，建设区域供暖系统整合可再生能源，同时吸引业主和租户共同参与、评估能源系统改造。

（3）能源数据网络

建设城市数据平台，整合基础设施所收集的数据，开发满足大众需求的新的服务和应用，发现并理解不同领域和问题之间的相互依赖性，据此得出措施的实际影响和效益，便于进一步改良。

（4）公众参与

开展各种实验与活动，吸引公众、企业、网络意见领袖、公共机构和文化等领域的参与者，同时通过各项交流活动，提升公众的参与深度与水平。

（5）电动交通

降低交通相关的空间消耗，加强多式联运（如市区换乘站点、使用电动车完成物流最后一站的配送等），建设充电基础设施，发展电动车与自行车共享系统，开发无人驾驶电动公交等。由Navya公司生产的无人驾驶电动小巴可以容纳15名乘客，只需要在手机下载对应的App即可叫车，根据定位信号、传感器、摄像机和光束雷达组成的混合系统来扫描和识别周围的环境，进行全自动行驶。如图17-3所示。

图17-3　里昂汇流城无人驾驶小巴

图片来源：Lyon Navly Autonomous Bus, Smarter together EU, URL: https://www.smarter-together.eu/news/smarter-together-implementation-action-lyon-confluence

17.3　智慧城市发展经验与评价

17.3.1　四大行动方针

以里昂为先驱代表，法国总结了未来智慧城市发展的四大核心行动方针：

1．加速创新进程

加大对创新想法、解决方案的支持力度，提供场地支持如城市生活实验室；提升创新项目的可复制性，建立地区性与全国性的经验交流平台，推广已成功实施的创新进程。例如在汇流城智能电网的最终目标是建立中立的运营平台，对整个大都市区内的能源数据网络和区域能源优化进行管理，并逐步推广到其他城市和地区。

2．推广城市规划数字化

在城市基础设施和道路规划中引入数字化工具，例如可视化计算、模拟、预测等，收集分析城市数据，在居民共同参与的前提下，让城市规划更快作出反应。例如对自行车道扩建的需求和路线分析、对电动交通基础设施的布局规划、停车场的设置等。

3．优化城市治理

通过政府开放数据平台使企业、居民以及其他利益相关方在保障数据安全的前提下，更便捷得到数据并加以利用，并通过以实际需求为导向的数字化交流活动，向协作共享转型。

4．注重经验的国际推广

建立统一品牌"VIVAPOLIS"倡议，成员包括政府及私营企业等，促进智慧城市建设经验的国际交流；引入ISO国际标准与欧盟标准，在统一的标准框架下开展智慧城市项目，在国际范围内交流并推广法国经验。

17.3.2　由中而上而下的治理模式

1998年里昂决定推进汇流城项目，成立了专门的项目开发公司——SPL里昂汇流城公司（SPL Lyon Confluence）。通过与政府签订服务合同的方式，SPL公司获得买卖土地的调查权和决定权，拥有挑选智慧项目的主导权，并与里昂政府一起为入驻的智慧项目提供后续支持。

里昂缺少智慧城市顶层管理部门，一开始也并没有明确的智慧城市愿景，但专门成立的SPL公司弥补了组织和实施层面的欠缺。同时，作为里昂基层和前线的智慧城市网络的连接点和平台，SPL公司可以第一时间得到智慧城市建设过程中的需求和反馈。这种由中而上而下的治理模式，对市场和公众需求的反应非常敏捷，尤其有助于创新环境的发展和对创新技术的支持，并且智慧城市技术的实际应用较多，与改善居民生活也更加息息相关，例如无人驾驶小巴、拼车出行或共享车所满足的公众需求。

17.3.3　模式创新的先行者

里昂作为世界上第一批实施城市智慧化举措的城市之一，在没有前人经验可以借鉴的背景下，在很多领域都是创新的先行实践者。首先，在智慧城市治理机构方面，成立专门的项目开发公司SPL，采取与政府签订服务合同的合作方式，在欧洲尚属首次。

其次，里昂创建了生活实验室理念，将汇流城内的建筑、交通道路及公共空间开放给参与者，作为智慧城市技术的实验场地，节省了智慧企业的成本，同时里昂也收集了大量的数据，还可以对城市治理及组织结构进行实验，例如SPL公司作为管理机构，吸引了大量利益相关方共同参与，使里昂战略从只与几个大型企业合作，成功转型为以公众需求为导向的模式。

此外，里昂引入首席数字官制度（CDO，Chief Digital Officer），负责智慧城市建设进程，弥补政府管理人员欠缺的数字化转型全面能力。

17.3.4　积极参与国际合作

里昂引入ISO国际标准及欧洲标准，并加入众多欧盟及国际合作网络，例如欧盟智慧城市及社区创新合作伙伴（EIP-SCC）——旨在将共同的集成解决方案推向市场；欧盟智慧城市信息平台（SCIS）——旨在促进智慧城市的标准化和可复制化推广；智慧城市科研灯塔项目（Lighthouse Programmes）——涉及40个示范城市和50个伙伴城市的欧盟智慧城市示范项目。

同时里昂也参与了欧盟"智慧共享"项目，和德国慕尼黑、奥地利维也纳等欧洲领先的智慧城市结成了智慧城市伙伴，为智慧城市经验的交流和推广营造了良性平台。

里昂也作为创始成员或参与成员，加入了13个与城市建设与发展相关的全球网络，例如法语国家市长协会（AIMF）、法国主要城市市长协会（AMGVF）、欧洲主要城市网络（Eurocities）、世界主要大都市协会（Metropolis）、联合国教科文组织创意城市网络（UNESCO: creative cities network）等。

参考文献

［1］ 国家智慧城市标准化总体组. 新型智慧城市发展白皮书（2018）［R］. 2018.

［2］ 冯奎等. 中欧智慧城市发展报告［M］. 北京：中国环境出版社，2017.

［3］ 宽带价格3年降90%这次"提速降费"有啥亮点？［EB/OL］. http://www.xinhuanet.com/fortune/2018-04/06/c_1122643055.htm.

［4］ 中国互联网络信息中心. 第42次中国互联网络发展状况统计报告［EB/OL］. http://www.cac.gov.cn/2018-08/20/c_1123296882.htm.

［5］ 我国4G用户近10亿户［EB/OL］. http://www.xinhuanet.com/fortune/2018-01/30/c_1122342452.htm.

［6］ 中国城市科学研究会等. 中国智慧城市发展报告2016—2017［M］. 北京：中国城市出版社，2018.

［7］ 新型智慧城市建设部际协调工作组. 新型智慧城市发展报告2018—2019［M］. 北京：中国发展出版社，2020.

［8］ 中国信息通信研究院，中国电信集团公司. 新理念新模式新动能——新型智慧城市发展与实践研究报告［R］. 2018.

［9］ 中国城市和小城镇改革发展中心. 2014智慧城市年度报告［R］. 2014.

［10］ 中国信息通信研究院. 新型智慧城市发展研究报告（2019年）［R］. 2019.

［11］ 全国23个省市"新基建"政策方案汇总［EB/OL］https://www.sohu.com/a/403191990_99893964.

［12］ http://www.xinhuanet.com/tech/2020-06/08/c_1126085458.htm.

［13］ 中国互联网络信息中心. 第45次中国互联网络发展状况统计报告［R］. 2020.

［14］ 郭靓，张东，么遥，崔航. 国际智慧城市发展趋势与启示［J］. 中国经贸导刊，2018（27）：35-36.

［15］ 国家互联网信息办公室. 数字中国建设发展报告（2017年）［Z］. 2018.

［16］ 国家发展改革委城市和小城镇改革发展中心. 新型智慧城市工作支撑2020［R］. 2020.

［17］ 普华永道. 数据资产生态白皮书［R］. 2020.

［18］ 新型智慧城市建设部际协调工作组. 新型智慧城市发展报告2017［M］. 北京：中国计划出版社，2017.

［19］ 浙江大华技术股份有限公司. 新型智慧城市建设投融资模式研究［R］. 2019.

［20］ 科大讯飞公司. 人工智能在新型智慧城市建设中的深度应用研究［R］. 2019.

［21］ 湖北省信息中心，软通智慧科技有限公司. 关于政务大数据在政府推进政务数据建设，实现信息跨部门跨层级共享共用的研究［R］. 2019.

［22］ 北京时代远景信息技术研究院. 政务大数据在新型智慧城市中的科学应用研究——城市政务数据资源开放开发的视角［R］. 2019.

［23］ 中国航天系统工程有限公司. 新型智慧城市产业发展趋势研究［R］. 2019.

［24］ 国家发展改革委举行4月份新闻发布会介绍宏观经济运行情况并回应热点问题［EB/OL］. https://www.ndrc.gov.cn/xwdt/xwfb/202004/t20200420_1226031.html/.

［25］ Open Government Partnership网站［EB/OL］. https://www.opengovpartnership.org/our-members/.

［26］ 包胜，杨淏钦，欧阳笛帆. 基于城市信息模型的新型智慧城市管理平台［J］. 城市发展研究，2018（11）：50-57，72.

［27］ 陈雷鸣. 基于BIM和GIS的智慧城市探索［J］. 土木建筑工程信息技术，2016（06）：91-95.

［28］ 张芙蓉，杨雅钧，齐明珠，许镇. 结合BIM与GIS的城市工程项目智慧管理研究［J］. 土木建筑工程信息技术，2019（06）：42-49.

［29］ 孙园园. 从BIM到CIM——探索智慧城市建设新模式［J］. 价值工程，2019（35）：30-31.

［30］ 邹宇. 浅析"GIS+BIM"技术在智慧校园中的应用［J］. 智能城市，2019（19）：9-10.

［31］ 耿丹，李丹彤. 智慧城市背景下城市信息模型相关技术发展综述［J］. 中国建设信息化，2017（15）：72-73.

［32］ 汪深，李兵，夏炎. 城市信息模型（CIM）技术应用领域拓展与人造环境智慧化解析［J］. 中国管理信息化，2019（15）：72-73.

［33］ 从BIM到CIM助力新型智慧城市建设提质增效［J］. 建筑市场与招标投标，2019（03）：19-20.

［34］ 住房城乡建设部. 鼓励有条件的城市在BIM基础上建立CIM［EB/OL］. https://www.sohu.com/a/275755363_756350.

［35］ "数字东城"行动计划（2011—2015年）［EB/OL］. http://www.echinagov.com/news/17032.htm.

［36］ 中国经济新闻网. 中国智慧城市大会分论坛开幕，聚焦CIM应用与发展［EB/OL］. http://www.cet.com.cn/xwsd/2430243.shtml.

［37］ 班联数城. 班联数城客户案例：CIM案例［EB/OL］. http://www.citylinker.com/product/bimcase.

［38］ 鲁班软件. 案例［EB/OL］. http://www.lubansoft.com/bimcase/ent_show/2098.

［39］ 鲁班软件. 鲁班CIM助力上海杨浦滨江智慧发展［EB/OL］. https://www.sohu.com/a/355873483_450920.

［40］ 广州住建局开启城市信息模型（CIM）平台建设试点工作，建智慧城市操作系统［EB/OL］. https://www.alighting.cn/webapp/view.aspx?ContentID=164816&CategoryID=2.

［41］ 福州：推动新型智慧城市建设［EB/OL］. http://www.chinajsb.cn/html/201907/29/4353.html.

［42］ 刁生富，姜德峰. 论新型智慧城市建设的推进策略［J］. 中国管理信息化，2018（01）：162-163.

［43］ 单志广. 新型智慧城市与智慧社会建设［J］. 中国建设信息，2018（05）：12-15.

［44］ 曹国，高光林，丘衍航，等. 基于WorldWind平台的建筑信息模型在GIS中的应用［J］. 土木建筑工程信息技术，2013（05）：114-118.

［45］ 彭明. 从BIM到CIM——迎接中国城市建设、管理及运营模式变革［J］. 中国经贸导刊，2018（27）：45-46.

［46］ City Lyon, Let's invent a co-smart city together［J］. Lyon: City Lyon, 2016.

［47］ City Lyon, Lyon Smart Community［M］. Lyon: City Lyon, 2017.

［48］ Garrido-Marijuan, Yana Pargova, Cordelia Wilson, The making of a smart city: best practices across Europe［M］. Belgium: AIT Austrian Institue of Technology, GOPA Com., 2017.

［49］ City Vienna, Smart City Wien Framework Strategy［M］. Vienna: City Vienna, 2014.

［50］ City Vienna, Smart City Wien Framework Strategy 2019—2050［M］. Vienna: City Vienna, 2019.

［51］ Simens AG Österreich, seestadt-aspern-broschuere-energieforschung［J］. Vienna: Siemens AG Österreich, 2019.

［52］ City Vienna, smart-simpel［M］. Vienna: City Vienna, 2018.

［53］ City Bristol, Connecting Bristol［M］. Bristol: City Bristol, 2019.

［54］ City Bristol, One City Plan 2020［M］. Bristol: City Bristol, 2019.

［55］ Caprotti, F., Cowley, R., Flynn, A., Joss,

S., & Yu, L., Smart-Eco Cities in the UK: Trends and City Profiles [M] , Exeter: University of Exeter (SMART-ECO Project), 2016.

[56] City Bristol, State of Bristol: Key facts 2019[J].　Bristol: City Bristol, 2019.

[57] Navigant Consulting, Inc., Huawei Smart Cities Report [M].　Boulder: Navigant Consulting, Inc., 2016.

[58] City Berlin, Smart City-Strategie Berlin [M].　Berlin: City Berlin, 2015.

[59] Anne-Caroline Erbstößer, Smart City Berlin report 2014 [M].　Berlin: TSB Technologiestiftung Berlin, 2013.

[60] Berlin Partner für Wirtschaft und Technologie GmbH, Smart City Berlin Labor [J].　Berlin: Berlin Partner für Wirtschaft und Technologie GmbH, 2016.

[61] EUREF AG, EUREF [J].　Berlin: EUREF AG, 2018.

[62] 郑明媚，梅正. 对智慧城市的新思考 [J]. 中国经贸导刊，2018（30）.

[63] 郑明媚，张劲文，赵蕃蕃. 推进中国城市治理智慧化的政策思考 [J]. 北京交通大学学报（社会科学版），2019（04）.

[64] 郑明媚，梁泽华. 德国绿色智慧城市发展的启示 [J]. 中国经贸导刊，2019（23）.

[65] 郑明媚，赵蕃蕃，洪日，朱响. 借助信息化手段防疫 推动城市治理现代化 [J]. 城乡建设，2020（05）.